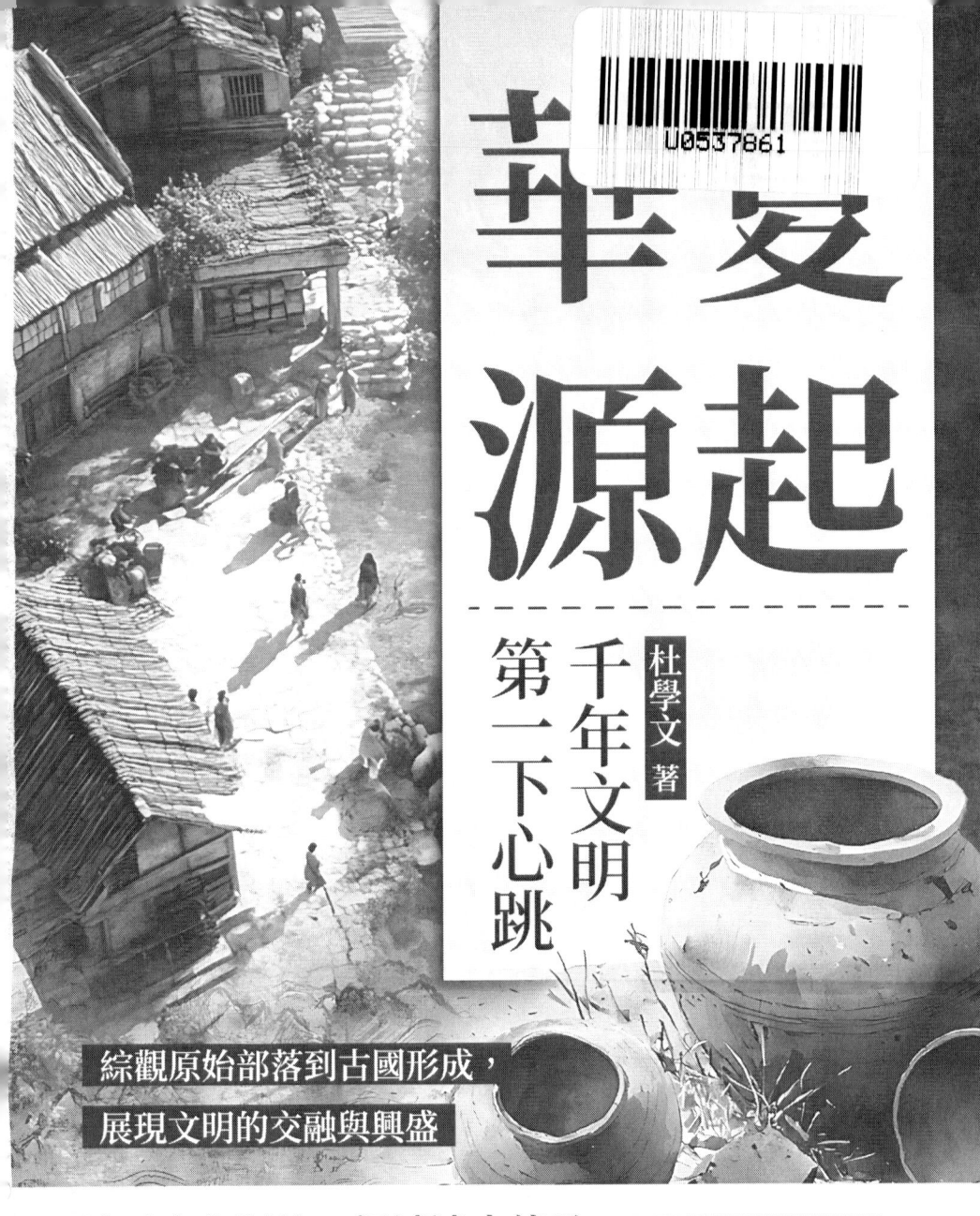

華夏源起

千年文明第一下心跳

杜學文 著

綜觀原始部落到古國形成，
展現文明的交融與興盛

追尋文化脈絡，解讀遠古傳承
重返歷史現場
帶領讀者見證華夏文明的誕生與成長

目錄

引言　華夏文明與中華文明及其軸根……………005

第一章　山西的自然地理條件………………011

第二章　華夏文明的演進………………………035

第三章　陶寺遺址與華夏文明的形成…………057

第四章　傳說中的山西…………………………083

第五章　從華夏到中華…………………………107

第六章　山西地區的貢獻………………………175

結語………………………………………………283

目錄

引言
華夏文明與中華文明及其軸根

關於中華文化，我們仍然需要對一些基礎性的東西進行梳理研究。人們常說，山西是華夏文明的發祥地，華夏文明看山西。還有人認為，如果不了解山西的歷史，就很難了解中國的歷史。這些說法儘管不太一樣，但都在強調山西在歷史發展中的重要性。那麼，是不是真的那麼重要？山西與華夏文明的關係到底是怎樣的？這裡，我們就山西與中華文明的關係進行一些粗淺的探討，以拋磚引玉，就教於大家，並引起更多人的關注與研究。

考古學家蘇秉琦有一個非常重要的論斷，他在深入研究的基礎上指出，中華古文化的發展演變有一條從中原到北方再折返到中原的文化連結帶，這一文化連結帶就在今山西沿汾河流域北上，再返回至晉南的區域中。他認為，「它在中華文化史上曾是一個最活躍的民族大熔爐，距今六千年到四五千年間中華大地如滿天星斗的諸文明火花，這裡是升起最早也是最光亮的地帶，所以，它也是中華文化總根系中一個最重要的軸根系」。蘇秉琦先生進一步對仰韶文化廟底溝類型與紅山文化兩者之間「花」與「龍」的融合進行了分析，認為陶寺遺址中表現出來的具

引言　華夏文明與中華文明及其軸根

有從燕山北側到長江以南廣大地域的綜合體性質，表現出晉南是「帝王所都曰中，故曰中國」的地位，使我們聯想到今天「華人」、「龍的傳人」和「中國人」的稱呼所來。「中華民族傳統光芒所披之廣、延續之長，都可以追溯到文明初現的 5,000 年前後。正是由於這個軸根系在中華民族總根系中的重要地位，所以，1990 年代對中華文明起源的系統完整的論證也是以這一地帶為主要依據提出的。」（蘇秉琦：《中國文明起源新探》，遼寧人民出版社、人民出版社，2013 年，第 92 頁）蘇秉琦先生的這些論述十分重要，影響極為深刻。其間有幾個關鍵詞：一是「陶寺遺址」與「晉南」，強調了一個對華夏文明的形成來說十分重要的地域；二是「中華」，強調了是在晉南地區；三是「軸根系」，強調了中華文明在其總根系中存在一個軸根系，而這個軸根系就在晉南。那麼，我們就要較為詳細地探討梳理一下，存在於晉南的被稱為華夏文明的軸根系為什麼是軸根。

首先，我們要討論一下華夏文明與中華文明之間的關係以及這兩個概念的異同。華夏文明是人類發展歷史上最古老的文明形態之一，所謂的「四大古文明」就包括華夏文明。在距今大約 6,000 年的時期，兩河流域，即底格里斯河與幼發拉底河之間的地區，基本上就是今天伊拉克一帶，出現了文明形態。按照一般的研究認為，這是人類最早出現的文明，它也被稱為「美索不達米亞文明」。稍後在非洲東北部沿尼羅河一帶出現了古埃及

文明。距今大約 4,500 年的時候，在印度河流域也出現了文明形態，人們認為這是古印度文明。與此相應，在更東的東方，沿黃河、長江兩條大河的流域，也出現了文明。一般認為這一時期在距今大約 5,000 年。這一文明被稱為「華夏文明」。不過，這只是一種一般的說法。由於學者依據的歷史資料，特別是考古發現不同，所說也不盡一致、各有出入，比如有很多人就認為古埃及文明是最早出現的文明形態等等。這裡不對這些問題進行討論。我們需要知道的是，這四大文明形態是人類創造的最古老的文明形態，對人類的發展進步產生了極為重要的影響，它們有一些共同的特點，如主要是沿大河形成、均在北半球溫帶亞熱帶地區、多以農耕為主等等。

其次，中華文明指的又是什麼，與華夏文明的關係如何呢？很多情況下，人們常混同兩者，認為華夏文明與中華文明是一回事，只是叫法不同而已。從某種意義來看，這種觀點也基本上是可以的。但從嚴格的學術意義上來說，兩者是有區別的。中華文明是以華夏文明為主體的文明形態。或者也可以說中華文明是中華大地上由中華民族創造的以華夏文明為主體，包含了華夏文明等諸多文明形式的文明形態。從歷史發展的過程來看，在華夏文明形成之後，由於其文明程度較高，所在地生產力發展較快，對其他地區形成了強大的吸引力，周邊的人民逐漸認同華夏文化及其生產生活方式，被華夏族群同化，成

引言　華夏文明與中華文明及其軸根

為華夏的組成部分。當這種狀態發展到一定程度的時候，華夏文明就演進為中華文明，它們具有本質上的延續性。

再次，它們與山西有什麼關係呢？這主要是文化地理關係。華夏文明是華夏族群在華夏地區創造的，而作為地域的華夏在哪裡呢？實際上山西就是最早的華夏之地。我們所說的「華」，是指華族。如果從歷史文化的角度來看，是指華胥氏族群。這一族群大約從今天的西北地區不斷遷徙，終於在山西的汾河流域中南部駐留發展。當然也有人認為華胥氏族群的原生地就是山西，在今天的陽城縣析城山一帶。他們從這裡遷徙發展，至西北之天水等地，又繼續遷移，其中也有一部分返回了包括晉南在內的中原地區。從考古學的層面來看，人們在山西等地發現了大量的繪有抽象花卉圖案的彩陶，認為製作這種彩陶的人崇拜花，是以花為圖騰的族群。「花」、「華」通用，他們就是最早的「華人」。在今天山西西南部、陝西中東部一帶都有以「華」為名的地方，如山西有華水、華谷等，而陝西有華山、華陰、華縣等。有學者如王克林先生認為，還曾有一個被稱為「華國」的古國。總之，早期的「華人」應該是生活在黃河沿岸山西西南部以及與陝西、河南交界的三角地區。而夏人則屬夏后氏族群，他們有可能也是從西北地區遷徙至今晉南地區，並在這一帶駐留生活，大禹就是其代表性人物。但是，也有人認為所謂的「華人」、「夏人」本來就是同一族群的人，只是稱呼不

同。在中華古文字中「華」、「夏」同義，所謂華則夏也、夏則華也。

「華」與「夏」也有另一重含義，它不是指代族群的名稱，而是表示文明的程度。「華」是指文明程度高的人群，「夏」是指文明程度高的地區，所謂「冕服采裝曰華，大國曰夏」。孔穎達疏《春秋左傳正義》中就認為「中國有禮儀之大，故稱夏；有服章之美，謂之華」。「華」與「夏」，具有尊貴、崇高、廣大、神聖的含義。我們在這裡需要知道的就是，山西，主要是晉之西南部，與其周邊地區是中華文明的原生形態華夏文明的主要發祥地，山西與華夏文明、中華文明的關係非常深厚。這也可以從各種典籍記載與考古發現中得到證明。下面我們就逐一探討這些問題。

引言　華夏文明與中華文明及其軸根

第一章
山西的自然地理條件

第一章　山西的自然地理條件

第一節
文明生成的自然地理條件

要談山西與中華文明的關係，需要先了解一下文明是怎樣形成的，應該具備什麼條件。我們知道任何事物的出現都不是憑空的，一定要有相應的條件。文明是一種社會文化現象，不會從天而降，必然是在能夠滿足其滋生的自然條件中才能出現。那麼，這種自然條件是什麼呢？大致有這樣幾個方面。

一是要有適宜於農作物生長的土地。農業的出現是文明形成的重要條件，沒有農業，就不可能生成文明。有土地才能承載萬物，但是土地的形態是多樣的，土壤的質地也各不相同。人類的起源、發展至成熟，是在能夠滿足生命需求的地區進行的，當某一地區不能滿足這種需求時，便會發生遷徙，以尋找新的生存地。只有那些能夠生長植物，特別是後來進化出來的農作物的地方才有這樣的功能。

二是要有適宜人使用的水源，也就是人類能夠方便地獲取可使用的水資源。人類在形成的萌芽階段與早期階段，還沒有掌握打井的技術，只能依靠大自然提供的水資源，所以那些古文明都是在大河流域形成的。當陶器出現的時候，發生了技術革命，人類有了盛水的器皿。而打井技術的出現，才使人可以

第一節　文明生成的自然地理條件

在遠離河流的地方生存。

三是要有適宜的氣候。這種適宜首先是強調人的生存，然後是植物，特別是農作物的生長。太冷太熱都不太可能，或者不利於從動物向人的進化，或者壽命過於短暫，難以形成文明。只有那些溫帶、亞熱帶地區寒暑相宜，能夠滿足植物的生長要求以及生物的進化要求，特別是人類勞動生活需求的地方才是適宜的。人類的壽命決定了文化傳承的效率，壽命越長，就越有助於文化的延續；壽命越短，就越難以使文化得到延續發展，文明也就難以形成。

那些古文明形成的地區基本上都具備以上幾個條件。但是人類的形成、出現並不僅僅局限在這幾個地區，而是滿天星斗、遍地開花。所謂人類僅僅是在非洲形成的說法是缺乏學理說服力的。即使是上帝創造了人類，也難以說清為什麼上帝只在非洲的某個地方讓人類出現。而根據考古發現，人類出現的源頭並不是單一的，而是多源的，但很可能某個地方的人遷徙至某地，對後來人類的成長產生了重要影響。僅僅從中國地域的考古發現來看，人類的出現也是呈多點散發的狀態，如在雲南就發現了距今大約 170 萬年前的元謀人；在湖北的長陽、鄖縣等地發現了距今 100 萬年至十多萬年的人類化石；在北京周口店一帶發現了距今約 50 萬年的北京猿人化石等等。從頭骨等生理特徵分析，他們基本屬於亞洲蒙古人種。這些人的出現並不僅在某一個特定的地區，而是散落在各地。也就是說，人類

013

第一章　山西的自然地理條件

是多源生成的,在一定的歷史時期(主要指農業出現之後的歷史時期),如果某一地區具備了相應的自然條件,就有可能進化出人。只有人的活動才能不斷累積相應的文化,使人自身獲得進步。

以上討論了文明形成的一些自然條件,但是我們也發現,並不是有這些條件就一定能夠形成文明,這之間還存在著很大的距離,需要人類漫長艱苦的努力。實際上很多有早期人類活動遺存的地方並沒有發現相應的人類發展的後續文化,也就是說,這些地區沒有形成文明。當然這也有考古研究的問題。沒有考古發現就難以確證其存在,也無法為我們的研究提供證據。從大致的情況來看,許多人類早期的活動地區都發生了變化,如地理地貌、氣候、生態等等方面,這些變化影響了人類的活動,可能會導致人類的遷徙、滅絕,使初生的文化消失,也可能是自身延續能力不足而消亡等等,這樣也就不存在文化的延續。

從幾大古文明的情況來看,即使在形成之後得到了較快的發展,創造了輝煌的成就也難以保證其不會斷裂,如兩河文明。雖然底格里斯河與幼發拉底河的存在為文明的形成創造了絕好的自然條件,但由於其地缺少自然屏障的維護,極易受到其他文明的衝擊,當承受不住衝擊,就會發生斷裂。事實上在兩河地區,就曾不斷地出現某一族群取代另一族群的現象。雖然從地域的角度看,兩河地區仍然存在,但從人種的角度來看

第一節　文明生成的自然地理條件

則發生了改變，從文化的角度來看就是文明的中斷，一種文明取代了另一種文明，出現了新的文明。古印度文明也有差不多的自然條件，但雅利安人的入侵取代了印度河、恆河流域的原生文明。

古埃及文明則表現出相異的情況。這一文明形成於尼羅河流域，人們主要生活在尼羅河沿岸地區，兩邊是高地與沙漠，屬於不易生存的地帶，當然也難以滿足文明生成的需求。其北面是地中海，需要人類掌握航海技術之後才能方便地出入。這種地貌在相當長的時期內對古埃及形成了保護。只有在東部地中海與紅海之間有一塊狹長地帶可以連通阿拉伯半島，這也是早期古埃及與外界連繫的唯一通道。這種兩面是山、一面臨海的地理形勢，對古埃及防止外來入侵者產生了十分重要的保護作用，使這一文明在幼年初成時能夠獲得比較安全穩定的環境。但它不能方便地接受外來文化活力，促使原生文化新變，也在某種程度上限制了文明的發展壯大，一旦遭遇更強勢的文化入侵，古埃及文明便斷裂了。

這些現象說明，一種文明即使具備了生成的自然條件，在一定的時期內得到了發展進步，也還不能保證其具有發展壯大的延續性，還需要有能夠呵護其成長的自然條件，同時，這種條件也不能是封閉的，應該是開放的，只有這樣才能不斷汲取其他異質文化的活力來豐富壯大自己，得到新變進步的力量。

第一章　山西的自然地理條件

第二節
自然地理條件封閉性與開放性的統一

　　從華夏文明的地域來看，有這樣幾個特點：一是地域廣闊，並且表現出地貌的豐富性；二是土地肥沃，且形態多樣；三是物產豐富，可供人類使用的資源非常充沛；四是氣候多樣且宜人，適宜於農作物的生長。據考古研究，南部是稻作植物的原生地，而北部，特別是太行山一帶，是粟作植物的原生地，很適宜於農業的發展，使人類早期的生存有了可靠的保障。。我們來看一下現在中國的地理形勢，就會對文明形成所需要的地理條件有一個大致的認知。

　　一個是它的地理條件提供了呵護文明生成發展的天然屏障。其東面是大海，現在來看是渤海、黃海、東海等，簡單說就是太平洋西岸。亞洲東部隔太平洋與美洲相望。再往北，也就是我們所說的東北一帶，有小興安嶺、長白山。其南面也同樣是海，有南海，是太平洋與印度洋連接的區域。而西部由北而南則是喀喇崑崙山脈、喜馬拉雅山脈。這些山脈的東部是廣大的沙漠地帶，以及青藏高原——世界上最高的地區，被稱為「世界屋脊」，此外還有岡底斯山、唐古拉山等。在北部，有天山山脈、阿爾泰山山脈、陰山、大興安嶺。這些山脈再北是

第二節　自然地理條件封閉性與開放性的統一

廣闊的草原。我們可以看到，中國的四邊是西北有山、東南有海，其他的文化形態，特別是較為強勢的文化，如果要進入還是不太容易的。這種地理條件具有突出的封閉性，對文明的生成自然有呵護作用。

另一個是在相對封閉的條件下仍然保持了與外部連通的開放性。在大小興安嶺相交的東北部，阿爾泰山與陰山，以及陰山與大興安嶺、燕山之間都有通往內地的通道。在西部，崇山峻嶺之間仍然有很多山口通道可以連通西域及更廣大的地區。在南部，有與今越南等連接的通往中南半島的陸路。東南部有很多出海口可從海上通往各地。這就是說，在擁有維護屏障的同時，仍然有連通四方的通道。

但是我們也要注意到，這種所謂的封閉性和開放性都不是絕對的，它們都是需要相應條件的，如相應的技術條件、交通條件、生態條件等。基本上來說，這種封閉性阻止了外來文化的強力衝擊，有利於文明的生成與壯大，發揮了對文明的呵護作用。而開放性則能夠使其他的文化因素進入，使原生文明不斷地接納吸收由其他地區傳入的文化元素，成為文明新變的動力，並在接受、容納、同化其他文化的同時，使自己發展壯大。不過，我們在這裡要特別說明一下，中國的版圖在歷史上是不斷變化的，很多時候不是現在的樣子。

那麼中華文明，或者說華夏文明具體是在什麼地方形成

第一章　山西的自然地理條件

的？這裡的自然地理條件又是怎樣的呢？簡單地說，主要是在山西的西南部，今天我們稱之為晉南的地區。當然，如果我們說是在山西、陝西、河南交界的三角地帶，可能會更妥當一些。這一三角地帶以黃河為中心，相互之間的連繫十分緊密、複雜。從文化的角度來看，基本上也可以說是同一個地區。

現在我們來看一下山西的地理環境。儘管歷史上晉地也在不斷的變動之中，它所統轄的地域或大或小，但基本上是以今天的地貌為主體的。其東部是太行山脈，把黃土高原與華北平原分割開來，使得從平原地帶進入山西並不是輕而易舉的事。其南面是王屋山、中條山，把華北平原西南部與黃土高原分割開來。其西部是黃河與呂梁山脈。特別是黃河在這一帶萬年流淌，把黃土高原沖刷成一道分割晉陝的大峽谷。其北面是陰山山脈，與燕山山脈相鄰，橫亙於蒙古高原與山西高原，是草原地帶與中原地區的天然屏障。總體來看，山西之周邊，四面環山，一水環護，外部文化要進入這一帶是比較困難的。所以《左傳》說晉地「表裡山河」是非常經典準確的描述。由此看來，山西具有十分突出的封閉性。這種封閉狀態有效地呵護了文明的滋生、成長。特別是當文明還處於弱小的成長時期，這種呵護的意義尤為重大。

不過我們並不能簡單地認為山西是一處只存在封閉性而沒有開放性的地域。實際上，山西的開放性也是非常明顯的。沿

第二節　自然地理條件封閉性與開放性的統一

太行山一線，有很多陘口，可以穿越山脈的阻擋，這就是「太行八陘」：從北往南分別是軍都陘、蒲陰陘、飛狐陘、井陘、滏口陘、白陘、太行陘、軹關陘。這些山脈斷裂的地帶形成了連接平原與高原的通道，儘管行走艱難，但仍然是可以通行的。而山西的許多河流也穿過太行山形成了通道，如沁河、丹河、漳河、滹沱河、桑乾河等。在黃河沿線，也存在很多渡口，那些地勢適宜、水流相對平緩的地方可以較為方便地連通兩岸，如平陸的茅津渡，芮城的大禹渡、風陵渡，永濟的蒲津渡，興縣的黑峪口渡，臨縣的磧口渡，河曲的西口渡等等。這些渡口從南到北，連通了黃河兩岸。特別需要強調的是西部陰山與燕山之間形成了天然的通道，可以使草原地區的人們穿越以進入山西。這條通道十分重要，是歷史上草原地區與中原地區保持連繫最重要的紐帶，它連通了兩處不同生產方式、生活方式、文化形態的地區，是中華民族融合的咽喉要地。

透過這樣的分析，我們就會發現，儘管從地形上看，山西與中國是不一樣的，但從地理特色來看，兩者都具有封閉與開放相統一的特徵。突出的封閉性呵護了文明的成長，明顯的開放性有利於文化的交融。這種封閉性與開放性既是對立的，又是統一的。之所以對立，即這種地理環境是封閉的，對此一地區與其他地區之間的交流形成了阻礙。但是，它又是開放的，仍然可以達成不同地區之間的交流。之所以統一，即它們並不

第一章　山西的自然地理條件

是絕對的封閉，也不是絕對的開放，而是在一定條件下的封閉或開放，正所謂「表裡山河」，這使原生文明不易受到外來文化的強烈衝擊，能夠有一個相對平和的環境來生長發展，亦可使外來文化以相對和緩的方式進入，為原生文明帶來新的活力，出現文化的新變，正所謂封而不閉、開而不放，封中有開、閉中有放。相對於兩河文明、古印度文明以及古埃及文明，僅僅從地理條件來看，中華文明的生成就有其他文明所不具備的優勢，如果進一步分析，就會發現那些相近的地理條件也仍然是有很大區別的。

第三節
太行山與二級階梯地貌對文明形成的意義

前面分析了山西自然地理條件封閉性與開放性的統一，下面討論一下，除了這種統一性的特色外，山西的自然地理條件還有哪些是適宜於文明生成的。

對此，我們要了解一下山西在中國版圖中的位置。我們知道，中國的版圖大致來看呈現出由東向西逐漸升高的三級階梯形態。沿東部海岸線的廣大地區是平原，主要是東北平原、華北平原與長江中下游平原。大致來看，這是三級階梯中最平緩、海拔最低的地帶，大部分地區的海拔只有 50 公尺左右，沿海岸線的很多地方還不到 10 公尺。在這些廣闊的平原地帶，也分布著許多山脈，如武夷山脈、南嶺等。再往西，華北平原與黃土高原相接，其分界線是太行山脈。

由太行山脈一直往西，至甘青地區的東部，是肥沃的黃土高原，這是世界上分布最集中，且面積最大的黃土區域，其海拔 1,000 公尺至 2,000 公尺，南部以秦嶺為界，北部以陰山為界，與橫亙東西的蒙古高原相連。太行山把華北平原與黃土高原分隔開來，成為一道天然屏障。山西就處於中國三級階梯地貌的第二階梯東緣。

第一章　山西的自然地理條件

　　黃土高原往西，從現在的青海中西部起至西藏一帶，地勢進一步升高，這就是青藏高原。這是中國地域面積最大的高原，也是世界海拔最高的高原，人們稱之為「世界屋脊」、地球「第三極」。世界最高峰聖母峰就在其西緣地帶的喜馬拉雅山，它的平均海拔在 4,000 公尺以上。而青藏高原的東南部是雲貴高原，海拔一般在 400 公尺至 3,500 公尺。

　　山西的地貌及地理位置與其東西兩翼相比有明顯的優勢。與東部的平原地帶相比，由於海拔較高，特別是太行山成為一道天然屏障，阻擋了海水上升期的侵襲。我們的海岸線並不是從來如此，它一直在發生著或快或慢的變化。即使是今天，由於黃河攜帶的泥沙衝擊，海岸線每年仍然會向大海延伸兩公尺左右。而在歷史上，由於氣候變化等諸多原因，海岸線也在不斷地變化，一些變化對自然環境的改變非常大。許多學者認為，在距今四五千年的時候，氣候變暖，氣溫升高，對海岸線的形態產生了影響。也有人認為，在全新世大暖期（始於距今 10,000 年至 7,500 年，止於距今 5,000 年至 2,000 年），黃河中下游地區比現在的氣溫要高出二至三度，這些變化導致了大陸地區冰川融化，海平面升高，那些地勢比較低的地帶逐漸被海水淹沒，曾經的陸地成為海底，這一變化對大陸存在的生命影響非常大。原來生存條件很好的平原已經不能居住，人們需要遷徙至海拔更高的地區以求得生存。

第三節　太行山與二級階梯地貌對文明形成的意義

　　根據考古研究，很多在長江中下游平原出現的文化現象，包括一些已經具有文明特徵的文化消失了，而在一些海拔比較高的地區，又有了這些低地的文化元素。這就說明，那些原來處於海拔比較低的地區的文化發生了轉移，它們從曾經停留的地帶向更適宜於生存的地帶遷徙。比如良渚文化已經發展出非常先進的形態，形成了文明，但在良渚文化的故地卻找不到其後延續的文化遺存，反而可以從山東泰安一帶的大汶口遺存中找到屬於良渚文化的元素，並且在山西陶寺遺址中找到屬於良渚文化、大汶口文化的特徵。這就說明，良渚文化以及大汶口文化發生了向北部海拔更高地區轉移的現象。原來在今浙江杭州一帶生活的人們帶著他們的文化、技術尋找可以生活的家園，直至翻過太行山進入山西汾河流域。同樣，人們在華北平原地帶也發現了許多屬於海洋文化的遺存，證明這一帶曾經是大海。

　　這一現象也可以從上古神話中找到印證。精衛填海的神話，說炎帝的女兒女娃在東海遊玩時溺入海中，化成精衛鳥，精衛鳥住在發鳩山上，銜西山上的石頭、樹枝來填東海。分析這一神話，就會發現與上面所說的情況是一致的。發鳩山在哪裡呢？就在今天山西長治市的長子縣西大約 25 公里一帶的太行山上。這說明，所謂的東海離太行山並不遠，或者也可以說，東海的西緣就是太行山，太行山擋住了東海。漳河發源於長治

第一章　山西的自然地理條件

一帶，其中濁漳河的源頭之一就是發鳩山。漳河並不是黃河水系，而是海河水系，由海河進入大海。但無論如何，我們可以看出，這裡所說的東海在太行山之東，應該就是冰川融化之後海平面上升形成的。這一點也可以從其他的神話中得到印證。如愚公移山中說愚公把太行山、王屋山的山石用畚箕運到了「渤海之尾」。這時的渤海，其海岸線應該在太行山沿線。由於太行山的存在，渤海不可能再往西延伸，所以就成了「渤海之尾」。

　　東西方神話與傳說中都有關於大洪水的故事。西方神話中談到人類製造了挪亞方舟，以拯救自己，而中國神話中說的是大禹治水。儘管神話中不同地區的人們對待洪水的辦法、態度不一樣，但共同的一點是人類遭遇了大洪水。這種共同性說明，這場洪水不是小範圍的，而是全球性的，以至於不同地區的人們在自己的創世神話中都有記載。不過我們在這裡強調的是，由於太行山的存在阻擋了洪水的肆虐，保護了大山以西的人們，使他們能夠有相對適宜的自然條件來維護自己的勞動創造，沒有出現文明因自然環境的改變而中斷的現象。

　　這並不是說洪水對太行山西部沒有影響，而是說，其侵害的程度大大降低了，降低至人們透過努力還能承受的程度，不至於要透過遷徙來尋找新的棲息地，但這裡的人們仍然需要與洪水抗爭。我們從上古神話傳說中就能夠看到這一點。大禹的父親鯀採用湮堵的辦法來治水，但九年不成。大禹則用疏導的

第三節　太行山與二級階梯地貌對文明形成的意義

辦法來改變水的形態，使太行山、呂梁山之間的洪水流向了黃河，再流向大海，由此使洪水退卻，空出了土地，供人們耕種生活。這是山西自然地理環境在文明生成過程中的一大優勢。

第一章　山西的自然地理條件

第四節
黃土地的恩賜

我們知道從太行山往西就進入了黃土高原，而黃土對中華文明的形成具有至關重要的意義。黃土有很多特殊的特性，非常有利於植物的生長，也正因此有力地推動了農業的發展。

黃土的第一個特點是土質比較疏鬆，非常易於開墾。不同於那些沙質含量或紅土含量比較高的土壤，黃土只需要簡單的工具就可以翻鬆。特別是當人類還沒有掌握冶煉技術，不會使用金屬工具，開墾土地主要使用石器或者木器的時候，土質疏鬆就是一個極為重要的優勢。易於開墾的土地使早期的人類能夠比較方便地進行耕種，種植農業才能發展起來。

黃土的另一個特點是自肥能力比較強，就是說依靠自身的能力就可以獲取植物生長的肥料。這是因為它含有豐富的利於植物生長的成分。據科學家的研究，其中的二氧化矽就占50%左右，其次為三氧化二氯，占8%～15%，此外還有氧化鈣、氧化鉀、氧化鎂、氧化鈉等元素。黃土中含有的這些元素對植物生長助益很大。還有是黃土能夠比較容易地把地面落葉草莖等植物消解，它們存落在黃土上面，接受風吹日晒、雨淋雪融，能夠最高程度地腐化，生成利於植物生長的化學物質，使

第四節　黃土地的恩賜

之轉化為滋養植物生長的肥料。許多植物的根莖生長在黃土層中，在生長期過後也容易分解出養分。黃土地這種自肥能力對植物的生長十分有益。

黃土地帶的降水量不等，整體而言是從東往西遞減。東南部地區的降水量最高可達 600 公釐至 800 公釐，中部地區亦在 400 公釐至 500 公釐。而西北部的乾旱地區只有 300 公釐左右。由此可知，黃土地帶的植物能夠接受水分的可能性也是不同的。但黃土也有非常獨特的儲水功能。黃土顆粒有較大的孔隙，能夠把水分儲存起來，特別是冬季，滲透到地下的雪水會儲存在這些顆粒之中，在來年春季少雨缺水的季節，黃土透過自身儲存的水分來供養地面植物的生長。而那些缺乏儲水功能的土地，水往往在地表流失，滲不到地底。就山西高原而言，由於地處華北平原的北緣，距大海不遠，海洋的暖溼氣流對這一帶的氣候有明顯影響。這不同於西北地區，由於距大海較遠，且被高山阻擋，海洋暖溼氣流的影響不大，乾旱程度相對來說就比較嚴重，沙漠化程度也比較高，植物的生長相對來說就比較艱難。

就植物的生長來看，需要適宜的氣候條件。如果過於寒冷，無霜期比較短，農作物的生長週期不能完成，就沒有收穫。山西地處北部，大約在北緯 30 度至 40 度。總體來看，越往北，無霜期越短，越適宜種植莜麥、蕎麥等耐寒且適應無霜

第一章　山西的自然地理條件

期短的小雜糧。中南部相對來說無霜期比較長，農作物中粟黍、小麥是最主要的。就氣候來說，山西整體特點是四季分明，這正是植物生長最適宜的條件。春季，大地回暖，黃土地由於其自身擁有的儲水功能，能夠滿足耕種的需求。夏季，農作物正是需要吸收大量水分的時候，這期間也是山西一帶的降水期，降水量大大增加，適應植物對水分的需求。秋季，農作物開始成熟，一般降水減少。冬季雖然不能耕種，但土地可以得到休養。季節的差異也展現在氣溫上。這種氣溫的差異不僅是年溫差大，也表現在日溫差方面，就是說每一天的氣溫並不是保持在同一個狀態，其早晚都是不一樣的。這種明顯的氣溫差異使植物的果實有了比較高的品質。

　　山西的黃土地貌具有典型性，不僅地質運動如呂梁運動對中國地質構造的影響重大，而且就黃土而言，其代表性也非常突出，如離石黃土就是黃土高原地層的主體。黃土地帶的地貌也是多樣的，大致來看，有山地、丘陵、臺塬、平原等，不同的地貌可以滿足人們不同的需求。其中的平原地帶適宜於人的生活，而大量的山地、丘陵不僅能夠提供更豐富的自然物產，也在災害如洪水、戰爭等出現的時候，使平原地帶的人們能夠遷移至相對安全的地方，繼續其勞動生產。而已經形成的文化或文明一般不會因為長距離的遷移中斷。

　　在黃土高原活躍著許多大大小小的河流。黃河自不多說，

第四節　黃土地的恩賜

是中華民族的母親河。在山西境內還有包括汾河、沁河、涑水河、三川河、昕水河、桑乾河、滹沱河及漳河、丹河等在內的眾多河流。汾河流域是最適宜人類生存的地區，它與陝西的渭河流域形成了某種相繼性與共同性，它們雖然被黃河隔開，但具有地質意義上的相同性與文化意義上的一致性，這一地帶被稱為「汾渭平原」，是黃土高原上自然條件最優越的地帶。汾渭平原與南面的洛水流域一起形成了華夏民族初始文明的原生地，是文化意義上最具代表性與重要性的地區——中原核心地帶。

正是黃土的諸多特點為人類的成長發展提供了具有突出優越性的自然條件。這些條件在今天來看，被認為是天然的、理所當然的，但與其他地區相比，就會發現它是非常獨特的，是那些文明形成的自然條件所不具備的，或者不全部具備的，它為人類的生存發展提供了豐富的物產，特別是促進了農業生產的發展，使人能夠從大自然中相對容易地獲取可供自己成長的資源。

第一章　山西的自然地理條件

第五節
農業的出現與豐富的物產

　　相對於其他地區來說，黃土地帶的土質更利於農業的發展。這並不是說只有黃土才能發展農業，事實上，從考古發現來看，兩河地區、古埃及地區等都發展出了發達的農業。我們在這裡強調的是，黃土自身的獨特性對農業發展具有極為重要的意義。

　　一度，人們認為世界上最主要的農作物原生於中東一帶。但是，隨著研究的不斷深入，特別是考古研究的深入，人們對世界農業的發展過程有了比較清楚的認知：小麥原生於兩河流域，棉花原生於古印度地區，玉米原生於美洲，而水稻與小米則原生於中國。

　　大致來看，水稻原生於長江流域。人們在距今大約 8,000 年的湖南彭頭山遺址中發現了稻殼、穀粒等，其中的八十壋遺址中發現了稻田遺存，出土了 1.5 萬粒稻穀米粒實物。河姆渡遺址中發現了距今 7,000 年前的豐富的稻作遺存，有些堆積厚達 20 至 50 公分，甚至超過 1 公尺。這些出土的稻穀已經炭化，但經過鑑定可以知道，這些水稻是秈亞種中晚稻型水稻。同時，在河姆渡文化中也發現了大量的農具，如骨耜、木耜、木鏟、骨

第五節　農業的出現與豐富的物產

鐮等。在湖南道縣玉蟾巖遺址也發現了大量的稻穀遺存。實際上這樣的發現還很多，證明長江流域是稻作植物的原生地。

人們在太行山兩側發現了大量粟作植物的遺存。在今河北武安的磁山遺址中發現了十餘個窖穴，其底部堆積的厚厚的粟作遺存達 2 公尺以上。此外，還發現了胡桃，也就是今天的核桃以及榛子等樹籽的堆積層。這說明至少在距今 7,000 多年前，太行山東部地區已經有了非常發達的種植農業。在河南新鄭裴李崗一帶還發現了粟作植物的遺存，如沙窩李遺址中就發現了分布在大約一平方公尺範圍內的粟作植物的炭化顆粒。在許昌丁莊遺址的半地穴住房中還發現了炭化粟粒，此外還有少量的炭化稷作植物。在裴李崗一帶還發現了大量的石斧、石鏟、石刀、石鐮與石磨盤、石磨棒等農業生產用具，說明在距今 8,000 年左右的時候，這一地區已經出現了發達的種植農業。

在太行山西部山西沁水的下川遺址發現了種植農業使用的石製農具與粟作植物顆粒。這一遺址的年代距今 2.3 萬年至 1.6 萬年。這些遺存中具有代表性的器具有細石器琢背小刀、箭鏃、三稜尖狀器以及用於農業生產的磨盤等。特別是其中還發現了三處火塘、多粒禾類植物種子等。在最近的考古發掘中，下川一帶也發現了粟作穀粒。這些都表明在那一時期，這裡的農業生產已經得到了相應的發展。據說，在山西夏縣的西陰村也發現了粟作植物。這些考古發現證明在距今至少兩萬年的時

第一章 山西的自然地理條件

期,黃河流域太行山一帶已經出現了比較發達的農業。隨著時間的推進,農業由採摘演化至種植,得到了更大的發展,而粟作植物,即我們所說的穀子是其代表。這一切都證明了粟作農業原生於黃河流域太行山區域,應該說這是中華文明對人類文明的貢獻。這些原生於太行山一帶的粟作植物——穀子,被人們帶到了中亞一帶,然後又傳入歐洲。在中亞河中地區撒馬爾罕古城的考古發掘中,發現了亞歷山大時期的穀倉,儘管已被焚毀,仍然存有眾多裝在糧袋中的小米。在河中地區另一個極為重要的城市片治肯特也發現了大型的穀倉。人們認為,亞歷山大之所以能夠在短短數年內從希臘半島打到亞非歐三地,一個極為重要的原因就是有了這些小米,它們有豐富的營養,而且存放十餘年都不會腐壞。

人類在最初形成的時候多以漁獵與採摘為生,他們食用的植物果實是透過採摘得到的,採摘成為最重要的生產方式。特別是能夠辨識那些供人食用的植物果實,對人類的生存產生了重要影響。而這些植物中的一部分果實能夠被人加工,以更適宜食用,還有一部分能夠被人種植後生長。逐漸地,隨著人類生產力水準的不斷提高,採摘轉化為種植,真正的農業出現了,人類的進化發生了空前的進步。這樣來看,種植農業的出現是人類生產力技術的一場重大革命。這一點也可以從上古神話與傳說中得到印證。

第五節　農業的出現與豐富的物產

我們熟知的炎帝神農氏，其主要活動區域應該在山西太行山脈一帶。當然也有很多人認為炎帝在陝西寶雞、湖北隨州等地活動。這些不同的觀點影響廣泛。不過，從史籍、傳說、考古諸多方面研究得知，炎帝不可能在農業沒有得到重要發展的地區存在，但炎帝部族卻可能從其始生地向各處遷徙。山西太行山南部，也就是今天的長治、晉城一帶，是粟作植物的原生地，一定活動著對農業發展做出重要貢獻的族群。炎帝在這一帶親嘗百草、教民稼穡，使種植農業得到了發展，他把自己的一生都用來解決人民生存發展的重大問題——如何才能種植好那些能夠生產糧食的植物。

但是，對人類的進化而言，只有農業生產仍然是不夠的，人類還有其他方面的需求，如居住儲藏的需求，需要建築材料；穿衣保暖的需求，需要皮毛布匹等。除了這些與生活有關的需求外，還有很多與勞動生產有關的需求，如製造生產工具的需求、交通運輸的需求、馴化飼養動物的需求等等。表裡山河的山西，正是物產十分豐富的地區，這裡植物種類眾多，動物種類各異，不僅可以提供糧食、肉食、水果，還有極為多樣的可作為建築材料的樹木、花草及作為勞動力的被馴化的動物。其地底礦藏也非常豐富，除了我們通常所說的煤炭之外，還有大量的銅鐵資源等。也正因此，山西的青銅器發展十分傑出，鐵器的發展也具有代表性。黃土對陶器的出現也具有十分關鍵的

第一章　山西的自然地理條件

意義。山西西南部的鹽池對人類的成長來說至關重要，也正因為其存在，為人類自身的發展與文化的進步提供了極為關鍵的基礎條件，人們只要勤勞肯做，就能夠滿足日常生活的要求，並不斷推進技術進步。在這樣一個地域有限而資源豐富的區域內，人們完全可以依靠自己的勞動滿足生活的需求。這種自立的不依賴外部供給的自給自足的生存狀態，在人類早期是非常重要的，它有效地促進了文明的形成。

一般認為，文明的出現與農業的關係極大，只有農業得到較快的發展，能夠供養一地區人類的生存，並出現結餘之後，一種社會形態才能夠出現超越直接的生產活動之外的其他社會活動，如祭祀、藝術、技術、交易、管理等。這時，人們不僅需要生產以供溫飽，還需要有人對社會的意識形態、組織活動等進行管理，就會出現不直接從事生產活動的階層，由一些具有專業技術的人來負責生產之外的事務。而在這種社會形態到來之後，文明就出現了。

第二章
華夏文明的演進

第二章　華夏文明的演進

第一節
人類的曙光

　　我們在討論了文明滋生的自然地理條件之後，還需要明確一個非常重要的問題，這就是不論自然地理條件多麼優越，沒有人，文明仍然不會出現，因為文明是人創造的。那麼，人，或者說人類又是怎樣出現的呢？

　　關於這個問題，有很多說法，比如有人就認為今天活動在地球上的人是外星人降臨之後形成的，也就是說，是宇宙中其他星球的智慧生物來到地球上，逐漸演化成了今天的人類。但是，這最多只能說是一種假說，還沒有得到科學的證明。也有人認為是外太空的天體撞擊地球之後把生命帶到地球上，逐漸演化出了人類。還有人認為，在今天的人類文明之前，已經有一個或多個非常發達的文明，這些文明衰落之後，又生成了新的文明。小說《白堊紀往事》寫的就是在地球地質年代的白堊紀時期，由恐龍與螞蟻共同創造了白堊紀文明，這個文明即使從今天的角度來看，也是非常先進的。但是，由於牠們，特別是恐龍的貪婪引發了「龍蟻大戰」，恐龍消亡了，螞蟻也變成了低智慧動物，曾經輝煌的白堊紀文明也從此不再存在了。應該說這只是一種藝術想像，並不能說作者真的認為現在的文明之前

第一節　人類的曙光

還有一個發達的文明,而且就目前的有關研究來看,也還沒有找到有力的證據。

另一種比較流行的觀點就是,人是神創造的。萬能的神創造了世界,當然也創造了人類,這種思想在基督教等宗教教義中有非常突出的表現。但是現代科學研究已經證明了現實世界中並沒有上帝,人類也不是上帝創造的。不過,這種神靈造人的思想在人類的早期廣泛流傳。如西方神話中是亞當與夏娃偷吃了伊甸園的蘋果後產生了人的欲望,從神轉變為人,結為夫妻,生育了人類。在上古神話中也有女媧摶土造人的說法。這些神話故事儘管具體內容不同,但共同的特點就是神靈造人,人是神創造的。當然,隨著科學的發展,我們已經知道,這是人類的先祖在缺乏科學認知的情況下,對自己從哪裡來的一種合理想像,並不是真實的歷史。但是,應該說,這些神話也能夠使我們了解到上古時期先民的某種生活狀態,包括精神世界的狀態。

那麼,人類到底是怎麼出現的呢?從科學研究的角度來看,答案很簡單,人類是大自然進化形成的。地球上原來並沒有人類,但是地球上存在著生命,或者說存在著有機物的演變。最早的生命可能是一些我們肉眼都看不到的存在,它們的演化使地球上出現了各式各樣的生命現象,包括動物與植物。在動物一類的生命中又逐漸演化出今天我們稱之為「現代人」的生命,牠們與

第二章　華夏文明的演進

　　同屬於靈長類動物的類人猿，以及類人猿亞目的猩猩、長臂猿、猴等動物有著最近的親緣關係。或者也可以說，在自然進化的過程中，由於所處的地理環境不同，自然條件各異，牠們中的一部分向人的方向進化，一部分仍然停留在動物的層面，而前者終於進化為人，成為地球上最具智慧的高級動物。

　　從考古學的層面來看，1950年代是一個人類生物學得到重大突破的時代，主要是一批考古學家與生物學家在東非如衣索比亞、肯亞、坦尚尼亞等地發現了被稱為「南方古猿」的人骨化石。這些化石被分為若干子類，存在於距今440多萬年至170多萬年。這些正在往現代人方向進化的古猿已經顯現出若干人的特點，如可以直立行走、能夠使用工具、可以在地面生活等。他們已經失去了許多猿的特徵，沒有了尖銳的牙齒與爪子。南方古猿被認為是從猿向人轉變的第一階段，但也是人科動物中一個已經滅絕的類型。不過也有科學家認為，其中的一支仍然向著人類進化的方向發展，經過能人、直立人進化為智人、現代人。建立在這樣的研究基礎上，一些研究者認為人類應該起源於非洲。

　　不過，隨著研究的不斷深入，人們又有了新的發現，這就是曙猿。曙猿的意思是根基類型的猿，也就是最早最古老的猿，或者也被理解為類人猿亞目黎明時的曙光。在1985年的時候，中國科學院的古人類學家林一璞在江蘇溧陽發現了一些化

第一節　人類的曙光

石,與同事齊陶等展開研究,引起了國外相關科學家的重視,並進行共同研究。他們認為,在江蘇溧陽上黃發現的這些化石均生活在距今約 4,500 萬年的時期,是包括人類在內的一切高級靈長類動物的共同祖先,並將其命名為「中華曙猿」。在此之前,世界上最早的高等靈長類動物化石發現於北非的法尤姆地區,距今約 3,500 萬年。而中華曙猿的發現,說明人類的起源應該是曙猿,這也把類人猿的出現向前推了 1,000 萬年。

在 1995 年的時候,山西垣曲小浪底水庫正在建設中。人們在垣曲的寨裡發現了曙猿化石,將其命名為「世紀曙猿」。參與發掘的是中國科學院古人類研究所的王景文、童永生、黃學詩與美國的瑪麗・道森、克里斯多夫・比爾德。這一由中美科學家聯合進行的搶救性發掘意義重大。實際上在 20 世紀初的時候,瑞典科學家安特生就在垣曲寨裡附近的土橋溝發現了中國第一塊被稱為「始新世哺乳動物化石」的遺存。他們在《地質專報》上刊發〈中國北部之新生界〉一文,對垣曲始新世的地層作了詳細描繪,使垣曲成為世界古人類學家矚目的地區。在長達百年的時間裡,中外科學家對垣曲以及相近的澠池一帶進行了多次考察,發現了大量曙猿及相關化石。1997 年,中國與美國的學家再次到垣曲進行考察,發現這些化石既有若干高級靈長類動物的特徵,又有部分原始低階靈長類動物的特徵,顯示曙猿是連結低階靈長類與高級靈長類兩個家族的過渡性成員,他

第二章 華夏文明的演進

們活動在距今 4,500 萬年左右的時期。如果要進化成人的話，曙猿是一個具有分水嶺意義的階段。從其進化的方向來看，已經出現了人類的曙光。

近年，人們對河南澠池任村的「任村猴」做了進一步的研究認定，確認在這一帶發現了曙猿。20 世紀初瑞典科學家安特生（Johan Andersson）考察澠池遺址時已經在這裡發現了哺乳動物化石。之後不斷有中外科學家在這一代發現曙猿化石及相關的化石，據統計有近 80 種，僅我們說的任村就有近 50 種，牠們的活動時間在距今 5,780 萬年至 3,660 萬年。澠池與垣曲地理相近、地形相似，被稱為「垣曲──澠池盆地」，習慣上人們更常稱之為「垣曲盆地」。實際上所謂的垣曲盆地並不僅僅限於垣曲地界，這說明在垣曲──澠池一帶曾經存在著集中的曙猿活動。或者也可以說，今天的垣曲──澠池盆地是 5,000 萬年至 4,500 萬年前曙猿活動的中心地帶。目前，在中國境內已有江蘇、山西、河南、雲南、內蒙古等地發現了曙猿化石。這些發現證明，在中國，特別是垣曲──澠池一帶是曙猿活動的重要地區。當然，這與山西也存在著十分重要的關係。

1999 年，一個由法國科學家為主的研究團隊在緬甸發現了邦塘巴黑尼亞猿，其年代亦在距今 4,000 萬年以上。中華曙猿、世紀曙猿與緬甸曙猿化石的發現均比北非法尤姆地區發現的靈長類動物化石要早至少 1,000 萬年以上。

第二節
人類的出現

前面我們討論了宇宙自然進化中逐漸出現了高等靈長類動物，特別是曙猿的出現，使人們發現了動物向人演化過程中的過渡性環節，並由此發現了人這種高等動物出現的生物軌跡。那麼，人類的出現是固定在某一個地方呢，還是在不同的地方均有同樣的生物進化現象呢？顯然，地球自然形態豐富多樣，適應人類形成的環境並不是只在某一個地方，而是存在於很多地方。我們可以借用考古學家蘇秉琦先生在討論華夏文明形成時說過的一個詞，這就是「滿天星斗」。他認為中華文明並不是限定在某一地區出現的，而是在很多地方都有相應的文明現象，最終形成了華夏文明。那麼，我們也可以這樣來討論分析，認為人類的出現也是星羅棋布在世界各地，經過漫長的進化演變，在某一時期終於生成了人類。

前面我們提到的北非法尤姆地區在今天的埃及，人們在這裡發現了即將進化為人的原上猿與埃及猿。距考古學家研究，這種原上猿距今3,000萬年左右，埃及猿距今2,800萬年左右，牠們後來進化成為埃及古猿，然後可能又進一步進化為古埃及的直立人。考古學家首先在法國，後來又在亞洲、非洲、歐洲

第二章　華夏文明的演進

等地發現了一種距今 2,300 萬年至 1,000 萬年的古猿，稱其為「森林古猿」，其體質特徵介於猿類與人類之間，其演化趨向或為現代猿類，也可能是現代人類。因此，人們認為這種古猿應該是類人猿與人類的共同祖先。

人們在埃及還發現了一些舊石器時代的遺存，在距今 100 萬年至 60 萬年的時間內。儘管並沒有發現人骨化石，但這些石器還是能夠證明，那一時期，在那一地帶生活著早期的埃及人類。引起人們關注的是在德國尼安德河谷發現的人骨化石，被人們稱為「尼安德塔人」。後來，人們又發現了許多可以被歸為尼安德塔人的其他化石，他們生活在距今 20 萬年至 3 萬年，並且主要是距今 10 萬年的時間內。這一發現引起了廣泛的討論：一種意見認為，由於氣候的變化，主要是氣溫下降導致了尼安德塔人的滅絕；另一種意見則認為，儘管作為人的一類，尼安德塔人消亡了，但他們曾在某個時期與亞洲大陸，主要是中亞一帶的人接觸並通婚，使這些人也具有了尼安德塔人的基因。科學家曾經對在山西發現的許家窯人進行研究，希望能夠了解到尼安德塔人是否與中國北部的人有關係。經過對比解析，他們認為這些人的特徵顯然是非尼安德塔的。但無論如何，尼安德塔人是人類進化過程中十分重要的現象，在相當程度上可以反映出人類進化的某種特徵。

人們在巴基斯坦北部與印度交界的西瓦立克山地還發現了

第二節　人類的出現

距今 1,400 萬年至 800 萬年的西瓦古猿（早期亦稱臘瑪古猿）。這種古猿也大量地生活在非洲、亞洲與歐洲的熱帶、亞熱帶地區，如土耳其、匈牙利、希臘、肯亞等地。在中國也發現了這種古猿，主要在雲南的開遠、祿豐、元謀等地，牠們的生理特徵更接近於人類，被認為是人類的祖先。這樣的古猿也被稱為「祿豐古猿」、「開遠古猿」。這也能夠證明，中國的西南部也是人類起源的重要地區。從西瓦古猿向人進化，逐漸出現了現代意義上的人。

事實上，在雲南元謀，人們還發現了距今 170 萬年左右的人類化石，被科學家稱為「元謀人」。在這一遺址中，除發現了大量石器與動物遺跡外，還發現了兩枚人類牙齒化石。這種牙齒化石是典型的鏟形齒，為亞洲人種所有，明顯區別於印歐人種的門形齒。考古學家認為這是直立人的牙齒。另一重要發現是炭灰屑，分布並不均勻，其中還有被燒黑的動物化石，應該是燒骨，這說明元謀人已經能夠使用火。考古學家還在陝西藍田發現了多處人骨化石，均為直立人，一處在公王嶺，距今約 110 萬年；一處在陳家窩，距今約 80 萬年。在這些遺址中也發現了用火的遺跡。同時，在藍田遺址中也發現了大量的石器，其中就有三稜大尖狀器。這種舊石器時代的石器具有文化上的代表性意義，在很多遺址中多有發現，說明這些地方的人具有文化上的一致性。

第二章　華夏文明的演進

　　人們討論比較多的是「北京人」。20世紀初期，瑞典地質學家安特生等在北京周口店發現了一批動物化石。之後，人們先後對這裡進行了發掘，考古學家裴文中先生首先發現了一具完整的頭蓋骨化石，考古學家們先後共發現了5個比較完整的頭蓋骨化石與其他的人體部位骨骼化石。這裡成為世界上出土人類遺骨與遺跡最豐富的地區。在這裡還發現了堆積很厚的灰屑層，說明北京人已經在大量地長時間地使用火，其出現的時間在距今70多萬年的時期。隨著考古學的進展，越來越多的古人類化石被發現。在湖北的長陽、鄖縣均發現了與北京人相近時期內的古人類頭蓋骨化石。在安徽和縣、江蘇南京的湯山也發現了距今30萬年的古人類頭骨化石。在四川資陽也發現了距今約10萬年的古人類頭蓋骨化石。儘管這裡列舉的還不是全部，但我們已經可以看出，中國的東南西北各地均有古人類化石出現，且在生理與文化上均有相近的特點。這說明，亞洲存在著大量的人類形成進化的遺存，能夠證明其起源具有獨立性。人類的起源是滿天星斗式的，而不是單一線性式的。

　　那麼，從考古學的角度來看，在人類形成的過程中，山西有什麼貢獻呢？除了前面我們說過的世紀曙猿證明在黃河中下游一帶曾經存在著動物向人進化的遺存外，山西還有很多十分重要的發現。首先需要提到的是芮城西侯度文化。由考古學家賈蘭坡先生主持，在西侯度發現了大量的動物化石。這些動物

第二節　人類的出現

化石中,有一些呈現被火燒過的痕跡,以及帶有削切的痕跡,說明這一時期的西侯度人已經掌握了用火的技術,他們能夠使用工具來製作供自己食用的燒烤之後的動物部位。這是比元謀人用火還要早的人類用火遺存,也是目前發現的中國最早使用火的考古實證。

此外還發現了大量的石器工具,這些石器具有典型性,最具代表性的是刮削器、砍砸器,以及具有文化象徵意義的三稜大尖狀器。其出現的時間,曾經被認為距今180萬年左右。但是,根據最近的研究,認為西侯度文化應該在距今243萬年左右。在距西侯度不遠的匼河,發現了大量的動物化石與石器,石器中存在著與西侯度文化一致的砍砸器、刮削器以及三稜大尖狀器,動物化石中發現了燒骨,說明匼河人同樣掌握了用火的技術,其年代距今60至70萬年。西侯度與匼河遺址的發掘,意義重大,它們與陝西藍田遺址等共同說明,在舊石器早期,黃河中游已經有大量的人類活動存在,這裡是中國北方古人類活動的中心,也很可能是垣曲——澠池盆地的曙猿進化之後出現的人類活動中心。

特別需要提到的是丁村文化。考古學家在山西臨汾襄汾縣的丁村發現了大量動物化石以及石器工具,特別是還發現了頭骨化石與牙齒化石。其中的牙齒化石為鏟形齒,為亞洲人種所有。這些化石所代表的人類被稱為「丁村人」,其考古發現的文

第二章　華夏文明的演進

化現象被稱為「丁村文化」，年代為距今 20 萬年至 10 萬年。丁村文化具有與西侯度、匼河等文化的一致性。特別是三稜大尖狀器在舊石器中最具典型意義，被稱為「丁村尖狀器」。這些發現填補了中國舊石器時代中期人類化石與文化的空白，證明在那一時期，這一帶創造了有別於非洲、歐洲等地的舊石器文化，並在這山水的養育下不斷發展壯大。

第三節
石器時代的山西

在我們討論了人類進化的過程之後,發現山西在其中具有非常重要的地位,顯現了中國具有人類形成的獨立性。特別是在垣曲一帶發現的世紀曙猿、西侯度與匼河發現的人類用火遺存以及丁村發現的古人類化石等,均具有文化上的連續性、一致性。以大三稜尖狀器為代表的舊石器在這些遺址中均有存在,鏟形齒的存在也證明了這些地區具有人種意義上的獨立性與一致性,且這種文化上的一致性表現得非常典型。

那麼,什麼是舊石器時代?是不是還有新石器時代呢?我們知道,石器是人類進化過程中最早使用的勞動工具,也是當時人類能夠製造的最先進的工具。由於人類掌握的技術手段不同,石器的製造方法也不同。在早期,人類只會採用擊打的方法來製造石器。隨著技術的進步,人類逐漸在擊打的基礎上學會磨製技術,使這些石器工具的功能更加突顯、更好使用。當人們還只會用擊打的方法製造石器工具時,就被認為是處於舊石器時代,一旦能夠用磨製的方法製造石器,就進入了新石器時代。儘管不同地域的人們掌握的製造方法並不一致,存在或先或後的問題,但一般而言,在距今 300 萬年至 1 萬多年的時

第二章　華夏文明的演進

期內,人類主要使用打製石器,處於舊石器時代;在距今1萬餘年至距今5,000餘年到2,000餘年的時期內,人類普遍使用磨製石器,處於新石器時代。由於各地技術發展不同,使用石器的情況也不同,我們還不能絕對地以時間來劃分新舊兩個石器時代,但大致來說可以分為這樣兩個時期。

在舊石器時代,人類製造工具的能力還比較簡單,石器是最主要的工具。這一時期,人類已經能夠使用火,這是一次人類發展史上極為重要的技術革命,代表著人類由生食階段進入了熟食階段,對人的體能、智慧的發展有非常重要的意義。此外,這一時期的人類仍然依靠採摘技術獲取植物果實,依靠捕獵來獲取動物充飢,開始使用弓箭等新的工具。這一時期出現了簡單的藝術形式,人類對審美有了原始的意識。進入新石器時代,製造技術快速進步,磨製的方法使石製工具更為理想化、精細化;農業得到了較快的發展,開始由採摘向種植轉化;磨製食物的技術也得到了普及,製陶技術得到發展,一些地區甚至出現了青銅器;審美更為普遍,出現了某種具有信仰意義的色彩與圖案以及比較複雜的裝飾。

與丁村文化存在的時間大致相當,在山西北部大同陽高縣的許家窰發現了距今約10萬年的舊石器時代遺存,其中發現了許多動物殘骸以及十多個人類個體的化石遺存。經研究發現,這些人類化石具有形成演化的獨立性。此外,許家窰還發現了

第三節 石器時代的山西

大量的石器工具,其最大的特點是細小石器的出現,直接影響了之後發現的峙峪文化。峙峪遺址大約距今 2.8 萬年,位於朔州桑乾河流域,最早由賈蘭坡先生等主持挖掘。在這裡,人們發現了人類枕骨化石、石墨裝飾品。尤為引人注目的是發現了大量的動物化石,其中,馬、驢類草食性動物占絕大多數。這在舊石器時代的考古發現中極為少見。峙峪的石器遺存中最特別的是箭鏃的存在,說明這一帶的狩獵技術得到了新的發展。由此,峙峪人也被稱為「獵馬人」。峙峪的細小石器承許家窯文化而來,是中國細小石器晚期的代表,其中的尖狀器以小型化為主。賈蘭坡先生認為,中國北方、東北亞、日本列島、北美細石器的起源問題將有望在山西北部的桑乾河流域得到解決。也就是說,峙峪的細小石器可能存在著向東擴展的現象,直接影響了中國北部更東更遠的區域,具有某種國際性意義。

與峙峪文化在時間上比較接近的是晉城沁水縣的下川遺址,分布於中條山主峰周邊的陽城、沁水、垣曲等地,距今 2.3 萬年至 1.6 萬年。我們在前面已經提到過,下川遺址中發現了石磨等加工農作物的工具,表明這一帶的農業發展十分傑出,是中國粟作植物原生地的重要實證。在近來的考古發掘中,下川也發現了粟作植物的種子,使這一證據更為可靠。同時,下川遺址發現的石器也非常重要,特別是細小石器,加工細緻,工藝複雜。這裡發現的三稜尖狀器出現了小型化的模式,其中

第二章　華夏文明的演進

的箭鏃採用壓製法製出銳尖與周邊。琢背小刀是其石器中的典型器物。錛狀器是下川地區出現的新的磨製技術製作的最具代表性的石器，與新石器時代東北亞的款式一致，也可以說對其有重要的影響，為探索研究與之技術傳統相同，廣泛分布於中國、蒙古、俄羅斯、西伯利亞、日本、北美阿拉斯加等地的細石器文化之起源與發展提供了新的實證。

人們在臨汾吉縣柿子灘遺址也發現了許多重要的文化遺存，其存在時間為距今2萬年至1萬年。柿子灘發現的兩幅用赤鐵礦赭紅色繪製的巖畫，應該是中國發現的年代最早的巖畫之一，描繪了人們耕作與舞蹈的形態。也有人認為是伏羲與女媧圖，但這一觀點與伏羲、女媧出現的時間不相合。此外，還有很多動物化石與燒骨、灰燼等遺存。柿子灘遺址中還發現了大量的石工具，其中也存在細石器工具，其尖狀器等與山西地區的舊石器有文化上的相似性，表明它們之間存在不同程度的影響。最典型的是在這裡發現了一系列石磨盤，透過對其表面提取物的研究，發現大多為黍類植物以及根塊類、豆科類植物。說明在這一時期，柿子灘一帶的農業生產得到了較大發展，人們的飲食方式出現了新的變化，需要經過較為精細的加工才可以食用。

透過對這些考古遺存的分析，我們發現，人類的形成，在山西的晉南地區具有獨立性。同時，舊石器時代石器文化具有

第三節　石器時代的山西

自己獨特的傳統，形成了具有自身特殊性的文化形態，其最具代表性的是大三稜尖狀器與細小石器。可以看出，經過漫長的努力，這裡逐漸發展出了新的文化，並對其他地區，包括遠東地區、北美地區等產生了影響。在採集、狩獵的過程中，人類逐漸學會了使用火，對動物的捕獲量越來越大，新技術製作的弓箭成為常用工具。農業由自然形態的採摘向集中採摘轉化，並向種植演進。審美功能也逐漸豐富起來。人類將迎來一個新石器與陶器並用的新時代，一個創造了異彩紛呈、斑斕多姿的新文化的時代。

第二章　華夏文明的演進

第四節
璀璨而迷人的西陰之花

　　進入新石器時代，人類的生產力水準得到了較大提高：一是石器的製作工藝更為精緻，磨製技術普遍成熟；二是出現了陶器，其重要性日漸顯現；三是人們開始建築日常生活使用的住宅，並由地下向地面轉化，說明定居生活形態已經提升至新的水準，在一些遺址中已經出現了聚落，在一些發達地區出現了城市；四是農業生產得到了快速發展，粟、黍、稻已經被人類培育成功，種植農業逐漸成為常態，但是漁獵生產仍然存在，一些動物已經被人類馴化。

　　山西發現的可以歸入新石器時代的最早遺址之一是臨汾翼城的棗園遺址，距今約 7,000 年。這裡發現了用來收割的石刀，砍伐與耕種使用的石斧、石鏟，以及石磨盤、石磨棒與陶銼等工具。可以看出，這一時期的農業生產得到了較大發展，應該以種植為主。此外，還發現了灰坑，說明這時人們的定居生活方式發生了變化，是以住宅為主的形態。棗園遺址中還發現了大量陶器，除了褐陶、灰陶、黑陶之外，主要是發現了紅陶器具，這表明棗園文化與仰韶文化中的廟底溝文化有著重要的連繫，被認為是廟底溝文化的淵源。

第四節　璀璨而迷人的西陰之花

　　山西新石器時代的遺址非常豐富，特別是展現出仰韶文化特徵的發現極為重要。晉南地區運城盆地發現的仰韶文化早期遺址就有數十處，其中芮城的東莊村遺址具有代表性。以臨汾盆地為中心的地區也有大量的仰韶文化遺存。在晉中地區也發現了大量相近的遺存。這一時期最具代表性的新石器遺址之一是夏縣西陰遺址，距今約 6,000 年。1926 年，考古學家李濟先生與地質學家袁復禮先生等在夏縣西陰村進行了具有劃時代意義的考察。這種劃時代意義，主要展現在這樣幾個方面。首先，這次考察是中國考古學家首次自主主持的科學挖掘。張光直先生稱這是「中國人從事考古發掘工作的第一次」，代表著中國現代考古學的肇始。其次，從發現的文化遺存來看，品質非常高。這裡發現了大量的石器、骨器、獸骨、木炭、琉璃、貝殼等，還發現了房址、灰坑、壕溝等居民生活的遺存。最重要的是發現了大量的陶器及其殘片，以及半個切割過的蠶繭。再次，西陰遺址一系列重要發現證明了黃河中下游地帶，特別是晉南一帶是人工養蠶最早的起源地，並動搖了彩陶文化起源於西方的說法。從考古文化的類型來看，西陰文化已經進入成熟的新石器時代，是典型的廟底溝文化，從以上的發現來看，在西陰時期，生產力得到了快速發展，石器與其他工具的製作技術已經相當高超，主要有石磨、石磨棒，以及用於農業生產的石刀、石鏟與石斧等。其中石鏟的數量最多，說明當時的農業生產已經轉化為種植農業，可進行砍伐、深耕、收割、研磨等生產活動。

第二章　華夏文明的演進

　　西陰遺址發現了半地穴式圓角形房屋，其中有火塘類遺跡，說明那一時期的人們已經形成了比較穩定的定居生活，並能夠建造自己的住房。這也反映出農業生產的進步，人們開始根據年度季節進行生產，而不再是採摘生產。西陰還發現了一條壕溝，顯現出向原始城市發展的跡象。

　　從發現的半個蠶繭來看，這時的西陰人已經掌握了成熟的繅絲技術，應該也有相應的紡織技術出現，這是西陰遺址中最具價值的發現。結合在這裡發現的石紡輪與陶片打磨製作的紡輪等器具，證明在那一時期，中國的絲織技術已經非常成熟。這與當地關於嫘祖紡絲的傳說相一致。西陰也是嫘祖所在的遠古之西陵氏生活的地區。從考古發現與傳說來看，兩者具有明顯的一致性，是中國養蠶製絲工藝發源地的實證。

　　不過，從文化沿革的層面來看，西陰遺址最重要的發現是大量的陶器，如陶罐、陶缽、陶碗、陶灶等，最具代表性的是雙唇小口尖底瓶與繪有玫瑰花圖案的彩陶盆，這是仰韶文化彩陶的典型器具，其製作工藝已非常複雜，基本以泥條盤築為主，逐漸形成慢輪修整的技術。還存在用手捏製等工藝，其紋飾以線紋與彩繪為主。彩陶紋飾有花瓣紋、豆夾紋、網紋、窄頻紋等，主要繪製於盆、缽之上。

　　西陰彩陶所表現出來的文化特點引起了廣泛的關注，彩陶上的花具有非常重要的文化意義。人們一般認為這種花是玫瑰

第四節　璀璨而迷人的西陰之花

花,但也並不一定,如考古學家王克林先生就認為應該是柿子花。這種將花的精髓濃縮抽象之後形成的弧線、鉤葉、三角等母體,再配以斜線、直線與圓點等繪製出來的彩陶圖案被稱為「西陰之花」,產生了極為重要的文化影響。它在晉南、陝東、豫西交會的地區形成,向渭河及汾河、洛水流域擴散,並進一步向周邊地區延伸,北至大漠地帶、長城內外,南越秦嶺與淮河、長江流域,東及沂蒙山區、渤海沿岸,西過祁連山脈以及甘青地區。儘管這些地區可能已不再以玫瑰花圖案為彩陶的主要特徵,但仍然展現出特別的西陰之花的特色屬性,這種屬性分布十分廣泛,延續時間漫長,文化內涵豐富,成為中國史前文化的一支主幹,也是中原地帶能夠形成的決定性文化基因,奠定了先秦中國的空間基礎。以西陰之花為代表的文化在不斷的擴展與融合中,與其他相關的文化發生了緊密的關係,形成了以抽象的玫瑰花為代表的文化形態與族群,成為華夏族群不斷發展、不斷進步,終於創造出一個文明的初始文化基礎。

　　由於西陰文化的典型性、重要性,很多學者認為應該將廟底溝文化改稱為「西陰文化」。山西還有很多極為重要的新石器時代考古發現,如夏縣東下馮、芮城西王村、晉中義井與太谷白燕等均為仰韶文化後期的重要遺址。這些遺址也顯現出明顯的廟底溝文化特徵,或者說西陰文化特徵。如雙唇小口尖底瓶、曲覆盆、斂口缽,以及圓點、弧線、三角與鉤葉植物花卉

第二章　華夏文明的演進

紋為主題的彩陶等。學者認為，廟底溝文化源起於晉南，翼城棗園文化是其濫觴，夏縣西陰文化則是其典型代表。正是在棗園文化的基礎上，吸收其他的文化元素，形成了蔚為大觀、璀璨迷人的廟底溝文化或西陰文化。這一文化現象不斷發展，終於迎來了一個更為璀璨輝煌的文化形態——陶寺文化。這也象徵著在中華地域內，其原生的古典文明——華夏文明即將出世。

第三章
陶寺遺址與華夏文明的形成

第三章　陶寺遺址與華夏文明的形成

第一節
堯都平陽之考古實證

　　中國史籍中多有「堯都平陽、舜都蒲阪、禹都安邑」之說。這些古都均應在今天山西的晉南一帶，但是在很長時期內只有記載，沒有見到實證。直至陶寺遺址被發現，並進行了長期的發掘研究之後，人們終於可以說，陶寺就應該是堯都平陽的都城。

　　1958年，考古人員在今臨汾市襄汾縣陶寺村的南面發現了一處史前遺址，掀開了陶寺考古的篇章。1959年，中國科學院考古研究所組建山西隊，以「夏文化探索」為題進行研究。1963年冬，在陶寺一帶又發現了幾處相關的墓葬。至1978年初，正式開始了陶寺遺址的發掘，至今已有40多年，可以說收穫頗豐，廓清了許多重要問題，對探討中國文明的起源、古代國家的形成等有著極為重要的意義。特別是對陶寺的定義，從原來的史前遺址轉化為具有代表性質的陶寺文化。也就是說，首先，它不是一般的遺址，而是反映了一定歷史時期的文化現象，具有文化類型的含義。其次，它也不是一般的文化現象，而是文明發展過程中能夠展現文明形成的重要實證。再次，基本可以確認陶寺對應著堯舜禹時期的歷史，特別是堯都平陽的

第一節　堯都平陽之考古實證

歷史時期，陶寺應該是帝堯之都所在地——平陽。

陶寺遺址位於襄汾縣境內塔爾山的西麓。塔爾山古稱「崇山」，是一座具有重要文化含義的山。目前的陶寺遺址有包含與陶寺遺址文化內涵相近的古遺址80多處，主要分布在汾河、澮河交會的翼城、曲沃、侯馬、新絳、襄汾與臨汾等地，形成了一個面積約280平方公里的陶寺文化遺址群。這裡發現的文化遺存主要有以下幾個方面：

一是城邑。陶寺遺址的文化現象可分為早期、中期、晚期三個時期。其中有早期小城、中期大城和小城數座不同時期的城址。前面兩城基本上呈重合狀，中期小城為中期大城的附屬城，顯現出「一都二城」的格局。中期城址總面積大約為280萬平方公尺。此外，還發現了下層貴族居住區、大型糧食倉儲區與糧食窖穴，以及大貴族居住的宮殿區。宮殿遺址是一處較為完整不可再分的大型夯土建築基址，保留著有規則的柱洞、柱坑以及柱礎石。在柱洞周圍填塞了加固柱子的石塊。城牆由版築而成，存有刻花白灰牆皮、藍彩白灰牆皮等，顯現其建築技術在那一時期的領先程度。在最近的發掘中，人們又發現了宮城的闕樓、甕城遺址，證明陶寺的宮城除城牆外還建有更為宏大的門闕與甕城。此外還發現了陶寺都城的中軸線。這些應該對之後都城的建築形制產生了重要影響。這些遺存與其他相關資訊顯示，陶寺的城邑是一處大型都城。

第三章　陶寺遺址與華夏文明的形成

　　二是墓葬。在陶寺遺址已經發掘了 1,000 多座墓葬，其中還發現了王級大墓。可以看出，陶寺的墓葬有不同的等級。大型墓葬的墓壙較大，墓主為男性，木棺內撒有硃砂，隨葬品多達一二百件，多有尊貴的禮器、樂器等陪葬器具，此類大型墓葬目前共發現 9 座。在這裡發現的中型墓略小，墓主男女均有，隨葬品大為減少，多在大型墓附近，有 80 餘座，大約占 10%。更多的是小型墓，不僅規模更小，且沒有木質葬具，也沒有任何隨葬品，約占 90%。在這些墓葬中，主要是大型墓葬中，發現了大量的各類器物，如石器、陶器、玉器、木漆器、青銅器、骨器與禮樂器等，是當時社會文化得到高度發展的表現。

　　三是建築。除前面談到的宮殿建築外，在陶寺還發現了很多小型房址，其中有地面建築、半地穴式建築與窯洞三種類型。室內地面多塗草拌泥，白灰塗牆，有壁龕、灶臺、煙道、灰坑，以及中心柱洞等。在這些建築周圍有道路、水井。水井為圓形，深者達 13 公尺，近底部有圓木搭建的護壁木構。從陶寺遺址的分布來看，已經出現了平民區、倉儲區、墓葬區、祭祀區與貴族區等不同的功能區域，表明其城市建設已經展現出比較完備的規劃。

　　四是製造場。在陶寺還發現了大型石器製造場等手工業作坊及大量的廢棄石坯，說明當時在陶寺一帶，陶器、石器製造等手工業得到了較大發展，其生產已經進入專業化、規模化

的時代,生產用途也不再是為了自己使用,而是用於交易。在陶寺還發現了燒製陶器的陶窯。人們還在這一區域發現了一個「回」字形夯土建築,認為是管理手工業生產的機構所在。

五是觀象臺。在陶寺遺址中期小城中發現了一處建築基址,呈半圓形,面向東南,由13根夯土柱順序組成。臺址中心部位有觀測點,透過柱縫觀測對面塔爾山,即崇山日出的方位,可以確定季節、節氣,以安排農業生產。經過考古人員與天文學家研究,認為這是一處天文觀測點,與典籍中記載一致,如《尚書・堯典》中就記有堯「乃命羲和,欽若昊天,曆象日月星辰,敬授民時」。一般認為,此觀象臺距今約4,700年,比英國巨石陣至少早約500年。這裡也應該是一處舉行大型祭祀活動的場所,具有特別的政治文化含義。

六是各類器具。首先是石器,包括石刀、石斧、石鏟、石錛、石鉞、石磬、石鏃,以及石磨盤、石磨棒等,大多為工具或武器。結合糧食的倉儲方式,以及發現的粟、黍、稻穀、小米為主的糧食與大麥種子,可以看出這一時期農業生產已經得到了很大的發展,但狩獵仍然存在。其次是陶器,如陶尊、陶瓶、陶灶、陶斝、陶罐、陶壺、陶盤、陶盆、陶豆、陶鈴、陶鼎等,多為彩陶,亦多灰陶或黑陶。再次為青銅器。目前陶寺遺址中發現了五六件青銅器,其中最著名的是銅鈴,使用複合範技術鑄造,發現時外部有絲綢包裹的紋印。此外還有幾件,

第三章　陶寺遺址與華夏文明的形成

如 C 形龍、齒形環等均製作精美。第四類為玉器。陶寺的玉器非常具有代表性，有玉琮、玉璧、玉璜、玉圭、玉鉞、玉珮、玉覆面等等。第五類為木漆器，如案、几、盤、匣、斗、豆與倉型器、鼓等。此外還有許多其他器物，如綠松石、陪葬的豬，以及骨器、草編物等。

需要特別提到的是，在陶寺遺址中發現了很多具有文化代表意義的器具，如樂器、禮器、陪葬器等。僅從製作材料來看，這些器具可能是陶器、石器或青銅器，但從其文化含義來看，具有非同一般的價值。在樂器中，我們發現了銅鈴、陶鈴、陶塤，還有土鼓、特磬、鼉鼓等。特別是在陶寺發現了一些可以認定為文字的符號。最典型的是在一件殘損的陶扁壺上朱書著兩個字元：一個大家一致認為是「文」字，另一個可能是「堯」字，組合起來應該是「文堯」。在陶寺遺址的一處壁龕中，發現了一件骨匕，上有一造型複雜的字元，有人解讀為「禹」字。雖然在這裡發現的文字還不多，但我們已經看到漢字在漫長的發展過程中逐漸從初始形態向成熟形態的轉化。另一個非常重要的發現是用來測量日影天象的圭表。陶寺發現的彩繪龍盤備受矚目，上面繪有盤龍圖案，龍的口中含有植物葉片。這是中原地區發現的最早的龍形圖案，代表著龍崇拜已經成為陶寺一帶的重要文化形態。在陶寺沒有發現絲綢的實物，但其銅鈴上面的絲織物印紋說明那時已經在使用絲綢物品。在陶寺還

第一節　堯都平陽之考古實證

發現了倉型器,被認為是榢,是一種用來繅絲的工具,亦說明那時有紡織絲綢的生產活動。

儘管陶寺發現了很多頗具價值的文化遺存,但截至目前我們僅僅發掘了其總面積的大約千分之五,還有很多文化祕密隱藏在歷史之中。陶寺文化存在的時間,經過碳14測定,為距今4,340年正負90年的時間至距今3,815年正負70年的時間段內。但是根據樹輪校正的年代,則為距今4,825年正負185年至距今4,170年正負95年的時間內。按照前者來說,大約是距今4,300年至距今3,900年。按照後者來說,應該是距今4,800年或5,000年到距今4,200年。兩種測定方法不同,結果也有一些差異。學者們一般取比較謹慎的態度,多概說為距今4,500年至距今3,900年,應該能與堯建都平陽的大致時間吻合。

從陶寺發現的文化遺存來看,這一時期的社會生產力已經得到了較大的發展,主要是農業生產出現了大的突破,製陶、製玉、石器加工等手工業形成了較大規模。社會結構也表現出較為複雜的形態,管理手段、科技水準、文化藝術等都出現了少見的繁榮。可以肯定,陶寺是一處集政治、經濟、文化、科技中心於一體的大型都城,應該是堯建之都平陽。這一發現不僅印證了堯都平陽的記載,也反映出華夏文明進入了成熟的形態,將展現出更加燦爛多姿的風采。

第三章　陶寺遺址與華夏文明的形成

第二節
最先進的歷史舞臺

在前面的介紹當中，我們曾借用蘇秉琦先生討論文明形成的判斷——「滿天星斗」來說明人類文化的演進，認為在漫長的遠古時代，中華大地上不論東南西北，都出現了人類初期發展進步的文化形態，它們如群星閃爍，爭相綻放。隨著時間的演進，這些文化發生了變化，一些轉移了，一些消失了，另一些則表現出強勁的活力，不斷繁衍壯大，出現了最初的文明形態。特別是在距今5,000年左右的時期，社會生產力得到極大發展，種植農業成為非常重要的生產現象，製陶技術、青銅技術、玉器製作技術、打井技術，以及建築、商業等都得到了長足的發展。在意識形態方面，初始宗教意識與審美方式、天人觀念與社會倫理等也出現了比較成熟的形態，人類社會將迎來一個重大的發展新變時期。正如蘇秉琦先生所言，大致在距今4,500年，最先進的歷史舞臺轉移到了晉南。在中原、北方、河套地區文化以及東方、東南方古文化的交會撞擊之下，晉南興起陶寺文化，它不僅達到了比紅山文化後期社會更高一級段的方國時代，而且確定了在當時方國的中心地位，奠定了華夏的根基。（蘇秉琦：《滿天星斗：蘇秉琦論遠古中國》，中信出版社，

第二節　最先進的歷史舞臺

2016 年，第 80 頁）

　　我們注意到，儘管就陶寺遺址而言，還有大量的地區沒有發掘，但從已經發現的文化遺存來看，可謂蔚為大觀，足以證明蘇秉琦先生所說的最先進的歷史舞臺向晉南一帶的轉移。或者換句話說，在這一時期，各地具有生命力的文化出現了向晉南轉移的浪潮，並在這樣的條件下形成了陶寺文化。

　　我們來談一下紅山文化。紅山文化是形成於東北西南部地帶的新石器時代文化，出現在西元前 4000 年至西元前 3000 年，距今五六千年。在這裡發現了大量的石器，包括細石器以及陶器、玉器等。此外，還發現了冶銅遺址，其中有坩堝片與 1,500 餘個冶煉紅銅的坩堝。在建築方面發現了女神廟、祭祀壇、金字塔、積石塚及墓葬等，其中存有泥塑頭像，特別是女神像等。玉器中有龜、鳥或貓頭鷹等，最重要的是發現了大量的玉雕龍與鳳。玉雕龍成為紅山文化最具代表性的文化符號，是中華文化中龍崇拜的源頭。石器中有許多生產工具，說明當時的農業生產已經脫離採摘形態，得到了較大的發展。在牛河梁遺址中發現的女神廟、祭壇、積石塚與金字塔建築代表了已知的中國北方地區史前文化的最高水準。女神上臂塑件空腔內帶有肢骨，可能是人骨。這種造像方式非常少見，是我們能夠看到的數千年之前的真人容貌。其墓葬亦有明顯的等級現象。總體來看，大約在距今 5,500 年的時候，在今東北地區已經出現了比

第三章　陶寺遺址與華夏文明的形成

較典型的文明現象。也有專家認為，這是中華文明的曙光，也就是文明初現的時刻。

大汶口文化是黃河下游一帶的新石器時代文化，以山東泰安一帶為主，遍及魯西平原、淮北地區，距今 6,500 年至 4,500 年。其文化遺存主要是墓葬、少量建築，以及陶器、石器、骨器等。此外還發現了刻劃符號，應該是文字的雛形。陶器中的三足器與豆、匜、扁壺等最具代表性，輪修技術普遍使用。其建築主要在地面。石器主要是磨製石器，如石斧、石鏟、石刀、石磨盤、石磨棒等。這些地區還出現了大量的家養動物，如豬、狗、牛、雞等。在一處遺址的窖穴中發現了約一立方公尺的朽粟，說明當時的農業生產已經比較發達。同時漁獵生產仍然大量存在，出土了揚子鱷以及魚、龜、鱉、蚌等殘骸。其墓葬亦有明顯的差別，貧富分化現象已經出現。大汶口文化直接影響了山東地區的龍山文化，是其淵源。

大約距今 5,000 年的時期，在錢塘江流域出現了一種非常重要的文化現象——良渚文化，這是眾多遠古文化中極為璀璨的一支。在良渚的各類遺址中發現了大量極具典型意義的文化遺存，如在這裡發現了一處規模浩大的古城遺址，其核心地區是一座高臺，為古城的宮殿所在地，該宮殿區約有 30 萬平方公尺。在宮殿區外是內城，約 3 平方公里。在內城之外還有外郭城，其範圍面積在 8 平方公里左右。在古城的外圍，人們發現

第二節 最先進的歷史舞臺

了龐大的水利系統，目前確認有 11 條水壩，是目前為止在中國發現建築時間最早、規模最大的水利系統工程。與之相應的是水利運輸系統，如碼頭遺址等。良渚時期的農業非常發達，發現了大量的稻穀遺存，還有許多植物果實，如桃、李、杏與菱角等。這裡也發現了絲織物殘片與水井。在良渚遺址的陶器、玉器上面發現了大量的刻劃符號，其中一些已被人們解讀出來，但更多的符號還沒有得到解讀，基本可以認為這是早期的文字。其干欄式建築是那一時期良渚人最常用的住房。在良渚也發現了許多石器、陶器，如石廚刀等。但最重要的是其中的玉器。可以說良渚玉器是中國史前玉器發展的一個巔峰。其中的玉琮、玉璧、玉鉞、玉璜，以及獸面紋與人獸結合的神徽紋樣神器等最具代表性。凡此種種都說明，在大約距今 5,000 年的時候，良渚已經出現了極為典型的文明形態。

除了以上所言之外，在距今四五千年的時候，北方河套大青山地區，主要是今天的鄂爾多斯、烏蘭察布等地，也出現了許多重要的文化現象，如早期的斝、甕類陶器等，這也是後來對陶寺產生重要影響的文化。按照蘇秉琦先生及其他學者如韓建業、丁新等人的研究，陶寺文化的最終形成並不是單一文化自生的，而是在多種文化的交流融合中形成的。在大約距今 4,500 年的時候，各地的文化開始了一次大遷徙。其原因現在我們還不能簡單地認定，但很可能是自然氣候的變化導致不同地

第三章　陶寺遺址與華夏文明的形成

區的文化轉移，促使它們從原生地向更易於生存的地區遷徙。這其中有來自北方的如紅山文化、河套如鄂爾多斯等地的文化，以及東方如大汶口文化、東南方如良渚文化等諸多文化。它們經過漫長的遷徙之後，紛紛進入了太行山之右，與汾河流域中原地區的原生文化，也就是仰韶文化中的廟底溝文化匯合碰撞，形成了陶寺文化。蘇秉琦先生有一首表現晉文化的詩是這樣描寫的：「華山玫瑰燕山龍，大青山下斝與甕。汾河灣旁磬和鼓，夏商周及晉文公。」我們試著對這首詩作一解釋，就可以看出陶寺文化形成的基本態勢。

先說「華山玫瑰燕山龍」。前面介紹了在晉陝豫交界的黃河三角地帶曾經出現了以玫瑰花圖案為圖騰的人群，也就是我們所說的華族。這是華夏族的核心人群，他們最早活動的地區就是華。這一帶因為華族的出現，形成了許多以「華」命名的地名，如華山、華谷、華水等。華山的名稱今天仍然在使用，但是其他的以「華」為名的地方在哪裡呢？如華谷，《水經》中說「涑水出河東聞喜縣東山黍葭谷」，注曰「涑水所出，俗謂之華谷」。也就是說，涑水的源頭黍葭谷就是華谷。而劉起釪等先生認為古代汾河下游有一條支流叫華水。這就是說，在遠古「華」人活動的地區，就是今天華山等黃河三角洲地帶，活動著廟底溝文化中表現出來的以玫瑰花為圖騰的人群，他們的文化象徵就是彩陶花卉圖案，這就是蘇秉琦先生所言之「華山玫瑰」。

第二節　最先進的歷史舞臺

而「燕山龍」所指就是燕山東北紅山文化中最具有代表性的龍圖騰。他們在遷移中與華文化相遇，並進入汾河流域，使這兩種文化形成了新的融合。這一點在陶寺的彩陶龍盤中展現得最為明顯，其表現形態是廟底溝文化的彩陶，而所繪內容則是紅山文化的龍，兩者融為一體。這也證明從陶寺開始，龍崇拜進入中原地區，成為這一地區除了花之外的另一種文化標識。

但是，陶寺文化的內涵遠不止這些，它還融合了「大青山下斝與甕」，就是河套地區（今鄂爾多斯等地）的陶斝、陶甕等器型轉化為陶寺文化的重要成分。此外還有「汾河灣旁磬和鼓」，意指在陶寺發現了特磬與土鼓、鼉鼓等重要的禮樂器。這裡的**鼉鼓**，就是用鱷魚皮蒙在木胎上的鼓，它並不是陶寺特有的產物，而是來自大汶口的文化標識。此外來自大汶口文化的還有很多陶器，如三足器、扁壺等。在陶寺遺址中還發現了與木俎配套的石廚刀，是來自良渚的影響。而良渚文化中的玉器也極為深刻地影響了陶寺，如玉琮、玉璧、玉覆面等玉禮器。正是在這樣的融合、新變中，一種極具生命力與魅力的文化——陶寺文化在山西之晉南地區汾河領域形成，並延續為夏商周與晉文公及往後的歷史。所謂夏商周及晉文公，強調的是在這種多元融合中形成的陶寺文化是中原華夏文化發展脈絡的基點。正如蘇秉琦先生所言，這首詩的落腳點雖然說的是晉文化，但其核心部分卻是從中原到北方再折返中原的文化帶。這條文化帶

第三章　陶寺遺址與華夏文明的形成

主要沿燕山、太行山與汾河流域形成,是當時最活躍的民族融合的大熔爐。這裡的民族還不是現代意義上的民族,而是不同地域的人形成的具有不同文化特徵的族群。如蘇秉琦先生指出的,在距今6,000年到4,000年間中華大地如滿天星斗的諸文明火花,這裡是升起最早也是最光亮的地帶。所以,它也是中國文化總根系中一個最重要的軸根系。而在這一軸根系中,陶寺又具有非常特殊的地位,發揮著至為關鍵的作用。

第三節
華夏文明形成的典型實證

上面談到了大約距今 5,000 年的時期，各地出現了具有重要影響的文明現象，但是，我們還不能說它們是華夏文明。華夏文明有其特定的含義，就是在華夏地區由華夏族人創造的文明。而華夏地區主要在今晉陝豫交界的黃河三角洲地帶，所謂「華」人活動的地區。那麼，這裡還需要討論一下，華夏文明與中華文明之間的關係。

一般來說，中華文明有兩層含義，一層是說，在中華地區由中華民族創造的一切文明與文化現象，這其中當然也包括華夏文明。從這個角度來說，華夏文明就是中華文明的一種形態。其他如良渚文化等也是其中的一種形態。那些雖然還沒有進入文明階段，但具有重要意義的文化現象，也應該屬於中華文明的組成部分。如我們前面提到的若干文化遺存，儘管還沒有發展到典型的文明的階段，仍然屬於中華文明的組成部分。在這樣的語境中，中華文明是一個具有普遍意義的概念。

中華文明的另一層含義具有特定的指向，是指以華夏文明為主體的、吸納融合了許多其他文明元素之後演變形成的更豐富更成熟的文明形態。以我的觀點來看，這個更豐富更成熟的

第三章　陶寺遺址與華夏文明的形成

文明形成於周時期的軸心時代,並一直延續發展至今天,越來越表現出它所具有的充沛的生命魅力。所以,當我們討論中華文明的時候,就要注意是從具有普遍意義的概念層面來說呢,還是從具有特指意義的概念層面來說。儘管很多時候人們是把中華文明與華夏文明當作所指相同的同一個概念來看待的,但我們還是要知道,它們是有區別的。

那麼,我們所談的陶寺時期形成了華夏文明是什麼意思呢?從前一層含義,也就是普遍意義的層面來講,就是在那一時期中華大地上又出現了一種文明形態,這是中華大地上最具生命力、創造力與吸引力的文明形態,它顯示出中華文明作為文明形態的形成之代表。從後一層含義,也就是特指意義的層面來看,華夏文明是華夏地區人民創造的文明。這個華夏地區,所指是當時晉陝豫交界地區,也就是後來我們常說的中原地區。所謂的華夏人民,是指進入這一地區的來自各方的人民,他們在華夏之地融合統一,形成了華夏族群,創造了華夏文明,之後又不斷發展,成為中華文明的主體文明、核心文明。正因為華夏文明積極地融合了其他的文明與文化元素,強化了生命力、創新力,使自己不斷發展壯大,才沒有消失、沒有中斷,一直演化出更具生命力的文明形態 —— 中華文明。

這裡還有一個十分重要的問題需要了解,就是怎樣才能判定一個地方出現了文明。這也需要從兩個方面來討論:首先,

第三節　華夏文明形成的典型實證

從社會生產力的發展層面來說，如果一個地方的生產相對發達，產品有了剩餘，就會出現對剩餘產品進行再分配的問題，相應地就出現了如何分配的問題；其次，社會生產比過去表現出更多的複雜性，也存在一個如何整合生產的問題，這樣就會有一部分人從直接的生產中分離出來，更多地從事整合管理。也可能因為某種特殊的原因，如這些人體格相對健壯、社會威望比較高、有比一般人更多的智慧或組織能力等，就可能占有更多的社會財富，或者具有更多的對社會財富進行支配的權力，這時，社會出現了分化，階級就出現了。在社會管理方面，由於財富的集聚，人們需要共同承擔保護族群利益的責任，最初的國家形態也就出現了。階級的出現、國家的形成說明這一地區進入了文明時代。

但是如果從考古學的層面來看，似乎就比較簡單，目前通行的標準主要有這樣四個方面：一是城市，特別是都城的出現；二是大型祭祀禮儀的形成；三是文字的出現；四是青銅器的使用。在這四個要素中，如果有兩個存在，就可以判定某一地區形成了文明。不過，對這種判定方式也存在很大的質疑，認為並不能反映不同地區不同文化的發展的實際狀況。如在中國，玉器的出現就十分重要，能夠充分地反映社會等級的分化與禮制的形態，但是在其他地區，如歐美就基本上不存在玉文化現象。儘管如此，我們還是可以把這種方法作為參考進行討論。

第三章　陶寺遺址與華夏文明的形成

　　我們知道，在紅山文化中已經出現了大型的宗教儀式，如神廟與女神像、祭壇與積石壇，以及金字塔建築等，這不僅說明這一文化中存在大型的祭祀現象，而且其社會形態也比較複雜。特別是不同規格的墓葬也進一步證明，在這一時期出現了明顯的社會分化，或者說，階級出現了。雖然目前在紅山文化中還沒有發現青銅器，但是發現了大量的冶銅遺存，說明其青銅冶煉技術已經非常成熟，具有規模化的生產形態，這應該是進入文明時代的表現。而在東南部的良渚，出現了規模龐大的都城、體系複雜的水利系統，以及祭祀的祭壇等，這些都說明這裡有強大的社會組織體系，需要有相應的人來管理、整合，社會分化的現象十分明顯，階級已經出現。良渚發現的刻劃符號應該是比較原始的文字。儘管在良渚沒有發現青銅器，但存在極為發達的玉器文化，比紅山的玉器更為先進豐富。從這些分析來看，至少紅山文化與良渚文化已經進入了文明時代，尤其是良渚的文明程度應該更高更發達。

　　當這些文化輾轉遷徙進入晉南之後，與當地的原生文化發生撞擊與融合，形成了陶寺文化。我們看到，在陶寺發現了城市，特別是其中期大城是一座規模宏偉的都城，存在宮殿建築、城牆及城闕，出現了比較嚴格的社會分層，不僅有貴族居住區及其墓葬區，還有平民居住區及其墓葬區，以及倉儲區、生產區與管理區。手工業得到了明顯的發展，發現了製造石器

第三節　華夏文明形成的典型實證

與陶器的手工作坊。禮儀制度亦表現出非常成熟的形態，其王級大墓中有眾多的成套禮樂器，那些形制龐大的特磬、土鼓、鼉鼓成組配套，規模非凡。在陶寺扁壺上發現的文字已經非常成熟，且為朱書。在陶寺還發現了基本可以說是目前發現的人類最早且規模最宏偉的觀象臺，能夠測定一年的時間為366天，以及一年中基本的節氣，其天文學水準非常高。這一觀象臺同時也具備祭祀與政治宣示的功能。陶寺也存在著豐富的玉器，其中的玉琮、玉璧、玉璜、玉鉞、玉覆面等不僅承續了良渚的工藝與理念，而且成為玉文化向北向西與向東傳播的重要中轉地。與其他地區的文明形態不同，在陶寺還發現了青銅器，其中的銅鈴已經使用了複合鑄造技術，一次完成鈴身與鈴膽的鑄造。青銅齒形環與C形青銅龍的鑄造亦十分精緻，可見這一時期的青銅製造技術已經達到了非常精良的程度。這些均說明陶寺文化發展的程度是當時最為突出、最為先進的，不論是從社會生產力發展的層面來看，還是單純從考古學的角度來看，這裡表現出十分典型的文明形態。我們說，陶寺已經具備了可判定文明形成的全部條件。

透過以上的分析，我們知道，在陶寺時期已經形成了典型的古國，其社會管理體系比較完善，制度設定比較健全，階級劃分比較明確，文化發展相當先進。從考古學的意義來看，這一文化中存在規模宏大的都城、先進的文化科技設施與祭祀儀

第三章　陶寺遺址與華夏文明的形成

式,有比較成熟的文字、相對發達的青銅鑄造技術,以及玉禮器所代表的禮儀制度。與同時期或者相近的文化相比,陶寺文化的發達程度、完善程度具有突出的先進性。陶寺所在地區為華夏地區,在這裡形成的文明就是華夏文明。或者我們也可以這樣說,在大約距今 4,500 年的時期,華夏文明在以陶寺為中心的華夏地區誕生了。

第四節
最早的中國

　　前面的介紹中曾談到，一種文明的出現，從社會文化的層面來看，應該是階級的出現與國家的形成，比如透過對陶寺遺址的發掘研究，我們知道在陶寺時期已經形成了形態比較完備的國家，這裡有都城，有管理階層，有社會分工，有文化體系，有發達的科技，特別是天文學與農業、手工業等等。但我們也清楚地感到，諸如陶寺遺址發現的國家，似乎與我們今天一般情況下所說的國家很不相同。這是當然的，我們千萬不能把遠古時期古國形態的國家與現代國家等同起來，以為在四五千年之前出現國家與今天的國家一樣，有完善的國土邊界與主權，有龐大的社會管理體系，有明確的權責劃分與專政工具等等。遠古時期的國家，只是一種展現出國之形態特徵的區域或城市，它們更主要的是依靠影響力來維護社會的運行管理，而不是行政權力。在形態上，往往只是一個初級的城市──即使是城市也往往類似於今天的村寨。這裡存在今天看來比較簡單的管理系統，有初級的社會分工。在這樣的城市周邊，還生活著大量的民眾，他們在經濟、文化、安全等方面要依靠其中心城市，也就是都城，也因此被視為屬於這一國家的

第三章　陶寺遺址與華夏文明的形成

人。這一時期的國家，更具體地說，應該是古國。

同時，不同國家的發展水準並不一致，存在著明顯的不平衡。一些古國地處偏遠，或者人口稀少，發展不夠，還有一些則在經濟、文化、科技諸多方面得到了較快的發展，成為某一地區具有重要影響的國家，能夠在相當程度上協調調動別的國家參與共同事務，因而被視為是具有統領意義的國家，其代表性人物往往被認為是某一時代或朝代的領主、共主，被後人稱為「帝」或者「王」。這就出現了國與國的不同，那些帝、王所在的國家往往經濟發達、實力雄厚、文化繁榮、禮制初備，具有重要的影響力，擁有了初級形態的王權，能夠協和萬邦。它們具有統領的中心意義，被視為中央之國。這樣的國家也是帝、王所都的國家，被稱為政治文化意義而不是地理幅員意義上的「中國」，所謂「帝王之都為中國」。

由於不同的時期有不同的帝、王，其所居都城也不可能在同一個地方，這就出現了不同的「中國」。在這樣的話語背景中，「中國」是一個變動的概念，而不是一個恆定的概念。比如也有論者認為，二里頭時期的古國也是中國，那是因為夏之都城從陶寺一帶遷徙到了黃河之南後，又在今天的二里頭建立了都城，所以也可以說這裡是當時的「中國」。在國家出現之前，儘管後人有「三皇五帝」之說，但並不是所有的皇、帝時期都形成了國家，很多時候他們仍然處於部落或部落聯盟的社會形態

> 第四節　最早的中國

中。我們在這裡討論的是最早的「中國」，就是要從歷史演變與考古實證中尋找到證據來證明哪裡是最早的中國。

　　既然這樣的「中國」是政治文化意義上的，就有一個「中」的問題要解決。關於「中」，應該有兩方面的含義。一方面是現實的，就是那些能夠協和萬邦的帝、王所在的都城統領的古國。不可能說一個國家經濟落後、文化遲滯，對其他國家沒有影響力，卻能夠為帝、王所都，帝、王所都的國家也應該是所謂的「中央之國」。另一方面是意識中的，或者說非現實的，就是某一國的帝、王雖然具有協和萬邦之德，但仍然需要找到一個能夠通天達地的地中。這個地中之所以重要，乃是因為當時的人們在意識中認為據有地中才能通達天極，才能證明這樣的國家之主是天所認定的，是擁有天之授命的正統地位的。正如《周禮・大司徒》中說，「地中，天地之所合也，四時之所交也，風雨之所會也，陰陽之所合也。然則百物阜安，乃建王國焉」。有地中，或者說建在地中所在之地，這樣的國家才是順應天意的，是得到天之護佑的，其帝、王才是具備了統領人民、協和萬邦的德性的。我們從「中」這個字的形成來看，也展現了這樣的含義。「中」字中間的一豎，就是圭尺，橫貫這一豎的類似於「口」字的長方形就是在圭尺上移動來測量數據的圭表。也就是說，「中」字在其形成之初展現的含義就是用圭表來找到地中，它不是簡單的中位之意。

第三章　陶寺遺址與華夏文明的形成

在較早的紅山文化、良渚文化等遺存中已經出現了國家的形態，但是這些國家沒有形成對周邊國家的協和統領之勢，至少文明還沒有找到這樣的實證。當然，它們也不處於地中之地。它們只是活動於文化中心的邊遠地區，還不能說是，或者說屬於「中國」。那麼，什麼時候、哪裡的國家具備了這樣的特點呢？答案只有一個，就是在陶寺建立了都城的國家。

陶寺時期大致對應了堯舜禹時代，特別是堯舜時期。堯是歷史上的五帝之一，具有了王權性質。同時，堯也是歷史上最具創造力與影響力的賢君，具有協和萬邦的品德與能力。在陶寺遺址中，發現了一支存留至今的圭表，經過專家的實地考察與反覆研究，認為這一圭表就是用來測量日影以確定地中的工具。我們知道堯曾命羲、和二氏往四方測天象，說明當時已經具備了相應的技術水準。專家們根據《周禮》中說到的「凡建邦國，以土圭土其地而制其域」的記載，以及《周髀算經》中的測算方式，確定了陶寺用圭表測量出的地中──陶寺觀象臺的觀測原點，尋找到了由此確定的都城中軸線，證明陶寺古城確實是具有「中」之意義的都城，是「中國」所在之地。

在中國相關的典籍中有大量關於「中國」的記載，在這些描述中，河東地區，也就是所謂的冀是天下之中。不論是舜劃定十二州，抑或是禹定九州，冀州均是天下的中心，是帝、王所都之地。《孟子》、《史記》等典籍中都有「之中國」說。帝堯決

第四節　最早的中國

定去世之後禪位於舜,可是舜避讓堯的兒子丹朱,不去就位。儘管如此,百姓與各方國諸侯有事都不去找丹朱,而是找舜。舜感慨讓他繼堯之位是「天也」,就是說這是天之命,不能違背。在舜帝意識到自己的天命之後,「夫而後之中國踐天子位焉,是為帝舜」。「之中國」就是到中國。只有到了「中國」這一帝、王之都,才能就天子之位,否則,舜就不能算是繼承了堯帝之位的君王。我們知道,這一時期的陶寺就是堯的都城,舜要繼堯之帝位,就必須到堯的都城,也就是陶寺。陶寺就是「中國」。

在此之前,還有沒有更早的「中國」呢?這取決於以下幾個方面:一是要看是否出現了我們討論的古國,如果沒有這樣的國,就不可能有中國;二是要看在這樣的古國中有沒有出現能夠協和萬邦的帝王,如果有,其所都之城就大致可以視為「中國」,如果沒有,儘管有可被視為國的地方,仍然不能說這是「中國」;三是要看在這樣的古國中是否找到了地中,如果沒有找到,其地位就是值得懷疑的,甚至是不被其他國家承認的,或者說也不可能是「中國」。根據史籍記載,在堯舜禹之前,國家還沒有出現,自然也不可能有「中國」。堯是最早被認為既擁有國之都城且據有地中之重,又能夠協和萬邦的帝王。那麼,堯所統領的國家,應該是最早的「中國」。

蘇秉琦先生指出,夏以前的堯舜禹時期的活動中心在晉南

第三章　陶寺遺址與華夏文明的形成

一帶。「中國」一詞的出現也正在此時。堯舜禹時代萬邦林立，各邦的訴訟、朝貢由四面八方「之中國」，出現了最初的「中國」概念。他並且認為，這個「中國」是一個共識的中國。也就是說，它不是具有完備權力系統的「中國」，而是一個更多地依靠文化認同來達成共識的「中國」。這就是最早的中國，是一個以文化認同為紐帶，把人們連結統領起來的中國。

第四章
傳說中的山西

第四章　傳說中的山西

第一節
伏羲與女媧

　　前面討論了中華文明的滋生與山西的關係。這裡就遠古神話及傳說中涉及的內容來看一下文明的形成與山西的關係。

　　在中華民族的創世神話中，伏羲的地位非常重要，被視為是創世神。伏羲風姓，又名「炮犧」、「庖犧」、「包犧」等。傳說中他的歷史貢獻很多，如根據天地萬物的運行變化創造了八卦，以一擬太極而「一畫開天」，天地定位；他結束了人類結繩記事的歷史，創製了文字；結繩為網以捕鳥漁獵；開始制定社會管理的初步規範，任命官員來負責相關的事務。在伏羲時代，人類開始了對偶婚，並確定了人的姓氏，以防止近親結婚與亂婚。他還發明了陶壎、瑟等樂器。還有一種傳說認為，正是伏羲採用各種動物的元素創造了龍這一中華民族的圖騰。「龍的傳人」亦由此而來。

　　傳說伏羲人首蛇身，一般認為他與女媧是兄妹，居住在崑崙山上，他們的母親就是華胥氏。華胥氏生伏羲、女媧。伏羲、女媧生少典，少典生炎帝、黃帝，其後人為華夏族，是中華民族的主體。可見，這是一脈相承的。由於華胥氏在百姓中有極為重要的影響，她所在的部族也被稱為華胥氏。這一部族

第一節　伏羲與女媧

在漫長的歷史中不斷發展壯大，在華夏之地往來遷徙，尋找適宜的生存之處，並創造了原始的文化。

那麼華胥氏是什麼時候的人？她與她的部族生活在哪裡？大部分史籍認為華胥氏是距今大約 8,000 年的人，當時已進入新石器時代，處於母系氏族社會，所以人們只知道自己的母親，而不知道父親。不過一些史籍也談到，華胥氏在雷澤旁踩到了雷神的足跡而懷孕，生了伏羲。也就是說，伏羲的父親並不是某個人，而是神。或者也可以理解為伏羲是人與神結合孕育而生的。但也有人認為雷神也是一個人。無論如何，人們更關注伏羲的母親華胥氏，對伏羲的父親是不是雷神、雷神到底是怎麼回事，所言不多，或語焉不詳。

傳說中華胥氏的地望有很多，最重要的是陝西藍田與甘肅天水之成紀。也有人認為，華胥氏本來居住在藍田，她率子民不斷遷徙到了成紀，在那裡生了伏羲，後來又返回了藍田一帶。隨著部族的壯大，原有的土地已經不能滿足百姓生存的需求，華胥氏又開始了遷徙。一部分往東來到了黃河地帶也就是今天晉陝豫黃河三角洲地帶，當然也進入了山西。也有人認為，今天的泰山一帶泗水之地為其祖地。這些地方都存在一些與華胥氏有關的文化印記，如相關的地名、傳說中的生存地、陵廟等，可見這些說法也是有所依據的。更重要的是一些考古發現也似乎能夠與距今 8,000 年前的文化相印證。但華胥氏之

第四章　傳說中的山西

故地是哪裡，歷來各有其說、各有其證，難以統一，還需要做更深入的研究。不過就我個人的看法而言，這些說法也並不矛盾，它們反映的是遠古時代缺乏詳盡文字記載的條件下，華胥氏族人往來遷徙的歷史。在中國文化中一直存在著地隨人走的現象，人們往往在不斷的遷徙中把最初的地名帶到不同的地方，以故鄉之名為名。因此，各地以華為名的地方就很可能是華胥氏部族活動停留的地方，只是其始祖地在哪裡很難簡單地說清。那麼華胥氏也好，伏羲、女媧也好，他們與山西有什麼關係呢？這也需要進行一些梳理。

在陝西、河北等地都有女媧山，但最重要的是橫亙在華北平原與黃土高原之間的太行山——亦名「女媧山」。這說明在太行山脈曾有遠古人類活動，其中也應該有屬於華胥氏部族的人們，包括伏羲與女媧時期的人。在臨汾吉縣縣城西北部大約30公里處有人祖山，山上有人祖廟，廟內有媧皇宮、伏羲殿等建築。傳說這裡還有伏羲、女媧兄妹測天意合婚留下的滾磨溝、穿針梁、「洞房」以及摶土造人的造化坪等。在洪水淹沒土地人民之後，為了使人類能夠血脈相傳，伏羲、女媧約定成婚。但因本為兄妹，他們決定遵天意而行，如果在高處把磨盤滾下而磨盤相聚，說明天意要他們成婚。於是他們在滾磨溝上把兩個磨盤滾下去，結果磨盤滾到了一處。此外還有隔溝穿針、合煙成婚等傳說。這裡的媧皇宮大門前有一塊天然巨石，被稱為「臥

第一節　伏羲與女媧

雲石」、「補天臺」、「媧石」等。距人祖山不遠的地方有一處非常重要的考古遺址，即柿子灘遺址，其中發現了大量舊石器時代的石器、動物化石與燒骨、灰燼等，還發現了中國時代最早的石磨盤。此外，這裡還發現了兩幅巖畫，其中的一幅有專家認為就是女媧圖。不過，這一觀點還需進一步討論。

在山西存留有大量關於伏羲、女媧的傳說。學者張利曾對太行山、太嶽山地區的女媧遺跡進行了詳細的田野考察，指出在今陽泉、晉中、長治、晉城及臨汾一帶的太行、太岳山區，存留有女媧遺跡 31 處，最北端為陽泉市平定縣張莊鎮東浮化山女媧廟，最南端為晉城市澤州縣金村鎮東村磨兒山媧皇宮，最東端為長治市平順縣東寺頭鄉井底村媧皇廟，最西端為臨汾市金殿鎮媧皇廟。這些遺跡多為宮廟建築，也有許多以土、石、山、窟等自然遺存為代表的遺跡。根據張利的考察，這些地區也存留有大量的相關傳說。（劉毓慶主編《華夏文明之根探源：晉東南神話、歷史、傳說與民俗綜合考察》，學苑出版社，2008 年，第 344 頁）傳說潞城區天壇山石門崖就生活著一個古老的部族——華胥氏，他們以漁獵為生，部落首領就住在石門崖下的山洞之中，生了四個孩子，大的是男孩，就是伏羲，其餘均為女孩，大女兒就是女媧，俗稱「女媧奶奶」，二女兒與三女兒分別是情婦奶、三奶奶。據說女媧出生於三月初九與初十交接的子時。這一民間傳說直接認為華胥氏就是本地人。如果按此說

087

第四章　傳說中的山西

的話,華胥氏的始祖地應該就是潞城天壇山一帶了。

在這一帶還有很多關於伏羲、女媧的其他傳說,如他們是上天派來治理人間亂象,以及女媧摶土造人、煉石補天等故事。此外還有他們的生活習俗、侍從座駕等傳說。綜合其主要內容,大致是華胥氏生了伏羲、女媧及其妹妹,或者上天派伏羲與女媧來到人間拯救人類。女媧騎著金獅,或者牽著金牛在各地補天。她補天的地方各說不同,如潞城的傳說是在潞城之天壇山、襄垣則是仙堂山、長治則是天臺山等等。關於成婚,有伏羲、女媧滾磨成婚,或者滾石成婚之說。造人之說則有為繁衍人類,女媧摶土造人,或者捏沙成人,因為要造的人太多,女媧忙不過來,乾脆用簸箕搓人,或用楊柳枝條甩泥造人等等。今天,這些地區仍然存留有各種祭拜活動。

隨著研究的深入,近來也有學者認為華胥氏及伏羲、女媧的始祖地是在黃河沿岸中條山脈之陽城縣析城山。如華仁葵、李立政、宋澤霞等人所著之《中華文明聖地:崑崙丘》就認為析城山即為神話傳說中的崑崙山,此山上有一處繁花遍地的低地,中空為虛,被人稱為「華虛」,生活在這裡的人們就是華虛氏,後傳為華胥氏。如果是這樣的話,今山西陽城縣之析城山一帶就是華胥氏的祖地,華胥氏部族從這裡出發遷往各地。從與其相關的各種傳說、遺存來看,華胥氏部族大致分布在中原地帶,與華夏族群的活動範圍基本一致。這似乎也說明,華胥

第一節　伏羲與女媧

氏以及伏羲、女媧的傳說主要流傳在華夏族群中,並影響了各地人們對華夏文化的認同。至於其地望究竟在什麼地方、遷徙流播的具體情況如何,仍然是一個需要進一步探討的課題。我們在這裡強調的是,伏羲、女媧是中華民族的人文始祖,亦與山西一帶有著密切的關係。

第四章　傳說中的山西

第二節
炎帝與黃帝

　　在伏羲、女媧之後，中華民族歷史上出現的最為重要的人物是炎帝、黃帝兩位先祖，他們均為伏羲後人，在不同的地區繁衍發展。後來炎黃二帝結為聯盟，形成統一的族群——華夏族，創造了輝煌的華夏文明，其後人稱自己為「炎黃子孫」。

　　按照《國語・晉語》的記載：「昔少典取有蟜氏，生黃帝、炎帝。黃帝以姬水成，炎帝以姜水成。成而異德，故黃帝為姬，炎帝為姜。」這一說法影響比較大，認為炎帝、黃帝都是少典與有蟜氏所生，為血親兄弟，但炎帝成於姜水，黃帝成於姬水，所以他們「成而異德」。這就是說，由於在不同地區從事不同的生產勞動，形成的風俗習慣、價值觀念也不同。我們知道所謂炎帝、黃帝，在很多時候並不是專指某一個人，而是某一氏族及其代表性人物。這樣才能解釋為什麼炎、黃二帝會居帝位那麼長時間。同時，他們也可能並不是現代意義上的兄弟關係，更可能是同出於某一部族且有姻親關係的族人。

　　炎帝，姜姓，號神農氏，又號魁隗氏、連山氏、厲山氏、列山氏、烈山氏。據說從神農氏開始，姜姓部族有9代炎帝，傳位350年。炎帝的故里在什麼地方，歷來所說不一，現在說

第二節　炎帝與黃帝

得比較多的地方有陝西寶雞、湖南株洲炎陵、湖北隨州、河南柘城以及山西高平等，其中以寶雞為最。這是因為酈道元曾在《水經注》中說，岐水又東徑姜氏城南為姜水，所以人們認為炎帝之故里在寶雞。但是這種觀點也受到學者的質疑，不僅指出姜氏城根本不在岐水邊，而且認為先秦文獻中的姜水應在山西太行山一帶。他們還進行了大量的田野考察，根據古籍記載、文物實證、民間傳說、地理物產、風俗習慣等多個方面進行研究，認為炎帝為神農氏，他生活的地區應該有發達的農業。而山西，特別是太行山地帶正是粟作農業的發源地。因此，炎帝的故里應該在山西太行山脈今高平一帶。至於其他說法，當是炎帝部族不斷遷徙的留居之地。

　　黃帝的時代比炎帝稍晚，但如果他們是兄弟的話，應該不會有太長的時間距離。很可能是炎、黃二帝雖然出於一族，但後來各自帶著族人在不同的地區發展。炎帝從事農耕，生產力水準相對先進，首先在中原地區產生了影響，統領這一地區的人民。後來黃帝進入炎帝所統領的地區，取代了炎帝的地位，並使兩者融合統一，形成了華夏族。據說黃帝為姬姓，本姓為公孫，因居軒轅丘，號軒轅氏，建都於有熊，亦稱「有熊氏」，其故里在什麼地方，歷來所說不一，如河南新鄭、甘肅天水、山東曲阜等，還有人認為是底格里斯河地帶，但最有影響的還是陝西岐山一帶。一般均認為黃帝為西北地區之部族，他們應該生活在游牧地區。《史

第四章　傳說中的山西

記》中曾記其「遷徙往來無常處，以師兵為營衛」。這就是說，黃帝一族並不是定居的農耕族群，他們從事的是游牧生產，常隨季節的變化而遷徙，沒有固定的地方為其常駐地。他們在不斷的遷移中，以兵民合一的形式保護自己的財產，形成管理模式。

隨著對紅山文化研究的不斷深入，有學者認為，黃帝部族很可能生活在東北地區，後來才遷徙至中原一帶。前面我們介紹過，大約距今 4,500 年的時候，紅山文化曾沿著燕山、太行山山脈南遷進入晉南，似乎可以與這種觀點契合。但也有一種可能是炎、黃二帝之族群生活在相互之間有婚姻關係的黃土高原地帶，後來炎帝部族專注於農業生產的發展，留居在太行山西部及更西的地區，而黃帝一族則向更西與更北的方向發展，從事游牧生產。由於某種原因，如氣候的變化等，迫使黃帝部族南返。當然也可能是黃帝族群從今風陵渡一帶度過黃河進入晉南，這兩部分在冀州之中因為爭奪生存資源而發生了劇烈的戰爭，這就是著名的阪泉之戰、涿鹿之戰。戰爭的結果不是一方消滅了另一方，而是達成了族群的大融合。

這裡首先要清楚冀州在什麼地方。中國歷史上把冀州視為天下的中心、中土，是九州或十二州之第一州。冀州的範圍大致為今山西與河北的大部分地區。但之所以稱「冀」，是因為冀地。而冀正在河東地區，是一個古方國，為冀國之名，地處平陽皮氏縣，即今河津。其東北方有冀亭，是冀國之都所在地。

第二節　炎帝與黃帝

　　冀州之所以居各州之首,是因為這裡自然條件優越,氣候適宜農業生產,且物產豐富。前面已經介紹過河東地區是遠古時期的經濟、政治、文化中心,歷來為帝王建都之地,所以古人在討論天下時必然首先要說冀州。冀州之中並不是一個簡單的空間方位,而是展現了特定的政治文化含義,它應該在古河東地區,不可能在冀州之邊緣地帶。

　　其次要清楚阪泉、涿鹿在什麼地方。一種比較流行的說法是在今河北涿鹿縣或者涿州一帶,這裡存有大量的相關傳說與遺存。但錢穆等學者認為,這兩地在河東鹽池附近。他指出,「阪泉」也作「版泉」,是流入河東鹽池的一條泉水。宋沈括在《夢溪筆談》中曾談到河東鹽池,言其「在阪泉之下」,與錢穆等所言一致。而涿鹿,舊解縣西南二十五里有濁澤,一名涿澤,是古之涿鹿。考古學家王克林據文字學、考古學、地理學、歷史學等多方考證,認為阪泉之戰在中條山之北麓、涿鹿之戰在中條山之南麓,兩者皆距鹽池不遠。大致來說,即炎、黃二帝之戰發生在古河東地區的鹽池附近。戰爭的主要目的是為了取得對鹽池的控制權,並進而控制整個冀州,也就是當時的政治文化中心之地。神農氏炎帝部族在冀州一帶發展了比較先進的農耕文化,使這裡變得更適宜於人類的生存。而軒轅氏黃帝部族則在不斷的遷徙中向冀州之中推進。兩個本來血脈相連、互相婚配,有緊密連繫的部族,因為生存的壓力首先在阪泉發生

第四章　傳說中的山西

　　了大戰。戰爭的結果是黃帝部族取得了主導權，與炎帝部族融合，形成了炎黃集團。但是，傳說中本來屬於炎帝部族的蚩尤氏不認同這樣的結局，要奪回主導權，在稍後的時間內與已經統一的炎黃集團在涿鹿展開了更大規模的戰爭。

　　關於蚩尤，有很多傳說，有的認為蚩尤部族是占據東方的部族，還有的認為蚩尤本來就是炎帝之後人。近年來有研究者還認為蚩尤部族是從草原地帶遷徙而來的屬於突厥先民的游牧部落。但更可能的是屬於炎帝部族中實力比較強大的一支。正因為如此，炎帝依靠他來據守鹽池這一策略重地。在今運城鹽池附近仍有許多與蚩尤相關的遺存，如安邑南就有蚩尤城、鹽池東有蚩尤村等，均可證明蚩尤一部與鹽池之間有緊密的關係。在炎帝部族失敗之後，很可能蚩尤不願屈服，便據守涿鹿，堅持戰鬥。

　　鹽池在中條山腳下，中條山是中國銅礦資源豐富的地方，考古研究已經發現這一帶有很多銅礦遺址以及鑄銅遺存。而傳說中的蚩尤部擁有十分先進的冶煉鑄銅技術，這也使其軍事力量非常強大。他們有銅頭鐵額、堅甲利兵，而且還能興雲布霧、徵風召雨，也就是能夠很好地預測並利用天氣的變化來幫助自己。但是黃帝也非同一般，他擁有軒轅戰車、弓箭、夔牛鼓等更可能是游牧部族使用的在當時來說非常重要的武器。特別是他得到了諸位神靈的幫助，終於取得了最後的勝利。傳說蚩尤被殺後，他的血匯聚為鹽池、毛髮成為樹木花草、肢體成為山岳丘陵等等。而所

第二節　炎帝與黃帝

謂的舊解縣或解州之「解」，就是蚩尤被殺解體的地方。

涿鹿之戰鞏固了黃帝的共主地位，他遷徙分封炎帝，包括蚩尤部族的人們，利用他們的知識與技能管理事務、發展生產，並懸掛蚩尤畫像以震懾亂民。按照《史記》所言，黃帝自己則「邑於涿鹿之阿」，也就是今天黃河晉陝豫三角地帶臂彎中的中條山地區。據傳，黃帝軒轅氏還來到汾陰脽上，也就是今萬榮汾河與黃河交會的地方，掃地設壇祭祀后土地母。他還娶了西陵氏之女嫘祖，發展蠶桑紡織，使絲綢生產成為中土最重要的產業。所謂西陵即今夏縣西陰，也就是西陰之花形成的地方。炎黃部族由此逐漸向四邊擴散，把先進的生產技術、文化觀念、社會禮制帶到了這些地區，使華夏文化不斷拓展。

在神農炎帝時代，農業得到了快速發展。炎帝親自嘗百草、種五穀、製草藥、救民病，製作耒耜等農業生產工具，發明了織布技術、製陶技術以及五絃琴等樂器，建立了交易市場等等。至軒轅氏黃帝時期，生產水準進一步提高，養蠶、打井、製車、造船、建宮室、指南針、鼓鐃軍樂、天文曆法等或得到進一步的發展，或被新創。最重要的是這一時期的倉頡造字，「天雨粟、夜鬼哭」，可謂驚天動地，形成了華夏最重要的文明成果。黃帝去世後，被葬於橋山。據錢穆先生研究，橋山應該在今山西舊襄陵縣東南 20 公里，接曲沃縣的地方。據說黃帝年 300 歲，有二十五子，其中有姓十二。

第四章　傳說中的山西

第三節
堯、舜、禹三帝

　　史籍中記載的炎黃二帝部族結成聯盟後形成了華夏族。按照一些歷史學家如徐旭生先生等的研究，在這一時期前後，傳說時代的遠古中國大致活躍著三大部族集團：在我們所說的中原地帶，主要是炎黃為代表的華夏集團；在東部沿海地帶，主要是東夷集團；在南方主要是苗蠻集團。炎黃部族發展較快，在兼併了東夷集團之後，又同化了苗蠻集團，使華夏族群成為中華民族的主體，形成了中華民族。

　　以黃帝為共主的華夏集團具有強勁的發展力，後來居共主之位者均為黃帝之後。至帝嚳，生有四子，分別是摯、契、棄與放勳。摯為長子，繼帝嚳位為共主。但帝摯不論是德性還是才幹都不能服眾，9年後讓帝位與放勳，也就是堯。現在，有考古發現的實證，我們已經知道，所謂「堯都平陽」，就是今天發現的臨汾市襄汾縣之陶寺。

　　據說帝堯身有異象，生有美德。他的眉毛分八彩，舉止有法度，智慧超人卻謹慎謙和。後人說他其仁如天、其智如神，就之如日、望之如雲。而他自己的生活卻十分簡樸，住著茅草屋，吃著粗茶飯，總是把自己的德性付諸社會治理，使人民安

第三節　堯、舜、禹三帝

居、萬邦協和。堯的貢獻首先是使農業生產得到了進一步的發展，這主要得益於這一時期天文學的進步。堯命羲和氏赴東南西北四方觀測天象，計算出一年的時間為366天，確定了春分、夏至、秋分、冬至等節氣，並使用閏月來調整季節。這也由陶寺遺址發現的大型觀象臺得到了證明。由於能夠比較準確地掌握季節的變化，這一帶農業生產的發展非常突出。

另外，在社會管理方面，堯廣開言路，向民請言。他在宮門立「誹謗之木」，置「敢諫之鼓」，希望百姓能夠及時發表意見。他施政由內及外、由近及遠，親睦百姓、以德服人，使當時各諸侯國都能夠和諧相處，並以其為共主。同時，他不擅權，讓各大臣舉薦賢能之臣。虞族之舜因為才德不群，受到堯的重用。在經過多年的考驗之後，堯禪位於舜。在堯的治理下，整個社會運行有序，無為而治。人們看不到帝堯做了什麼，卻一切都按照應有的秩序很好地運轉。堯的治理，如同中醫之「治未病」的手法，在問題還沒有出現之前已經從萌芽上消除了隱患，所以百姓在街頭吟唱道：「日出而作，日入而息。鑿井而飲，耕田而食。帝利與我何有哉！」前面四句說的是百姓生活的自然狀態，他們順應天道，勞作生息，各取所需。而最後一句則是對帝堯的讚美，認為帝堯不用勞神費力就進行了很好的治理，一切都在有序地進行著。這是社會治理的最高境界，也因此被後人傳頌。如孔子就感慨說：「大哉！堯之為君也。巍

第四章　傳說中的山西

巍乎，唯天為大，唯堯則之。」

眾臣舉薦虞舜後，堯對舜進行了考察，發現他確實是一個德行高尚的人，但不知道他是否具備治理國家的才幹與胸懷，於是堯把自己的兩個女兒娥皇與女英嫁給了舜，以了解其具體情況。後來又讓舜承擔政府事務，處理民事，發現百姓都聽他的話。之後又安排各種事務讓舜去承辦，舜都處理得井然有序，各方諸侯也很支持他。堯又讓舜經受神靈的考驗，讓他在高山森林中遭遇雷雨，舜表現得鎮定自若。這樣堯才讓舜代為執政。28年後，帝堯去世，而舜已經得到了長期的歷練，堪當大任。但是舜為了避讓堯的兒子丹朱，回到老家「南河之南」（因他的故鄉在大河，也就是黃河之南段，稱「南河」。「南河之南」也就是南河的南段，很可能是在今天的永濟一帶）不出。但是，百姓與各地諸侯有什麼事要商討、有什麼官司要訴訟，都不去找丹朱，卻要到舜的老家去，請他來決斷。三年之後，舜感到自己繼位乃是天意，才「之中國」，去到都城，應該是今天的陶寺，去就天子位。

據說舜是黃帝的八世孫，為有虞氏，姚姓，名重華，生而重瞳，身長八尺，面有異象。舜的故里在什麼地方，《史記》中有明確的記載，說「舜，冀州之人也，舜耕歷山，漁雷澤，陶河濱，作什器於壽丘，就時於負夏」。所謂冀州，就是以今山西河東為中心的地區。具體而言，舜的祖地在今永濟一帶，歷山附近。歷山，在河東地區。雷澤，亦名「濩澤」，在今陽城縣析城

第三節 堯、舜、禹三帝

山一帶，〈禹貢〉曾言在析城西南。河濱，黃河之畔。壽丘，在河東。負夏，在今垣曲縣歷山鎮。這些反映舜活動的主要地點都在今運城一帶以歷山為中心的地區。不過孟子曾說舜生於諸馮，遷於負夏，卒於鳴條，是「東夷人也」。諸馮在今山西垣曲縣，這裡有諸馮山。負夏、鳴條皆在河東，也就是今天的運城一帶。但不知道孟子為什麼說舜是東夷人，也可能歷史上視河東之地為東，故有此說。不過，總體來看，舜為今永濟一帶的人應該是不錯的。他執政後，改革政治，用「璇璣玉衡」來觀測日月運行，祭祀天地諸神，頒布新的曆法，任用適宜人事，提攜下層賢能之才，淘汰腐化無能貴族，舉「八愷」、「八元」，逐「四凶」於荒原，命禹治水；命棄，也就是后稷，教民耕種；命契掌管教化；命皋陶司法；命共工掌管百工技藝；命益主管畜牧；命夔作樂。舜善於用人，取人之長，自己則巡行天下。他以孝行而名，30歲時被堯重用政事，50歲時代政，61歲正式成為天子。39年後在巡行南方時逝於「蒼梧之野」。他的兒子商均不賢，舜便舉薦禹執政，禪讓帝位。史載「舜耕歷山，歷山之人皆讓畔；漁雷澤，雷澤上人皆讓居；陶河濱，河濱器皆不苦窳」。他到了哪裡，那裡的人都願意追隨，所以一年成聚、二年成邑、三年成都。

大禹治水在中國神話中最具影響。禹是夏朝的開創者。神話中說禹的父親鯀受堯之命治理洪水，採用湮堵之法，但是九年而不成。舜執政後，把鯀發配到羽山，又說是崇山，是當時

第四章　傳說中的山西

的極北之地，在今雁門關之北。舜任用他的兒子禹繼續治水。夏禹姓姒，名文命，他的父親鯀為黃帝之後，母親是有莘氏，名女志。目前學術界認為夏族興起於崇山，但對崇山在什麼地方，存有誤解。人們根據三國吳人韋昭的解釋認為是嵩山，以為「嵩」、「崇」通假。但很多學者認為這種解釋並不正確。歷史上嵩山並不被稱為崇山，且「嵩」、「崇」也不通用。崇山實應是今臨汾市襄汾縣之俗稱塔爾山的山，也就是陶寺遺址對面的山。這一說法與歷史記載、考古發掘相應。但是在典籍與傳說中，也有認為「禹生石紐」，在蜀地。這應該是大禹治水在不同地區人們的印象中非常深刻的表現。

　　禹奉命治水，克勤克儉，任勞任怨，13年間三過家門而不入。他常常巡行在治水工地，攜帶著準繩、規矩以便隨時測量。他穿著最簡樸的衣服，吃著簡單的食物，住著簡陋的房子，經常拿著斧頭、鋤頭在工地工作。他的指甲磨禿了，腿毛磨光了，手腳都長了厚繭，腳跛難行。他的精神感天動地，有神靈下凡相助。據說有黃龍為他在前面探清水的流向，玄龜在後面幫他搬運泥土，河精為他獻出河圖，連伏羲帝也為他送上了玉簡以丈量土地，幫助他勘測清楚水的走向，知道哪裡該挖、哪裡該堵。他在總結前人治水經驗與教訓的基礎上，主要採用了疏導的辦法，首先在冀州一帶決龍門、通三門、劈伊闕、破碣石，打開靈石口，空出晉陽湖，將洪水匯入黃河，之

第三節　堯、舜、禹三帝

後又疏九河，通濟水、洛水至海，導漢水、淮水至江。經過艱苦的努力，終於使洪水平息下來，人民能夠休養生息。

在治水的過程中，禹與益每到一處都要了解當地的山川地勢、物產資源、風俗民情，並詳細記錄下來，終於勘清了天下之勢，並劃定天下為冀、兗、青、徐、揚、荊、豫、梁、雍九州。在此基礎之上又興建貢道，確定貢賦，使天下為一統之勢。由此還著有〈禹貢〉一文。此外，他還根據不同距離，圍繞天下之中劃定「五服」：以天下共主所在地為中心，500里內為「甸服」；依次500里分別為「侯服」、「綏服」、「要服」、「荒服」，以確定治理方式與規則。後來，舜又命禹平息三苗之亂，使天下太平。

禹的功績為萬民稱頌，也受到了舜的肯定，舜決定傳位於禹。禹在位期間，仍然躬身克儉、勤政愛民、巡行四方。他曾在塗山大會諸侯，當時執玉帛來朝者有萬國之多。考古學家在今安徽蚌埠之禹會村發現了一處大型祭祀臺，這裡分布著許多排列有序的柱洞，應是各諸侯會盟之標記，發現的燒祭面應是諸侯會盟時燎祭之遺跡。此外，還有祭祀溝、坑等遺存。這一遺址應該是當時禹會諸侯所用之地。禹在東巡時逝於途中，葬於會暨，即今紹興，據說僅用三寸厚的桐木棺板，所穿衣服只有三領，極為簡樸。

從堯、舜、禹三帝的品行業績來看，他們皆勤政、愛民、節用、克己，有建立、有擔當，深受人民尊重愛戴。

第四章 傳說中的山西

第四節
眾神的狂歡

神話是遠古時期人類對人與自然及其關係的原始想像與理解，它既包含了某種生活的真實內涵，也反映了人的想像與認知。儘管不同地域、不同文化中神話的形態及其內容常有相同或相近的地方，但仍然存在著明顯的差異。

由於自然地理環境的特殊性，以及由此決定的社會文化的重要性，山西成為遠古神話與傳說比較集中的地區，我們所談的伏羲、女媧，以及炎黃二帝、堯舜禹三帝在這一帶都有很多相關的演繹。隨著考古學研究的不斷深入，我們知道堯、舜、禹已經是實實在在的歷史人物，但他們身上的神話色彩仍然非常濃郁。除以上所言之神話人物外，其他具有神性意味的人物也多與山西有關，這些神靈爭先恐後、蜂擁而至，在先民的想像世界裡登臺亮相、各顯其能，可謂眾語喧譁、斑斕多姿，構成了精采奇絕的狂歡盛宴。這裡我們就簡單介紹一些。

大家知道女媧最重要的貢獻是摶土造人、煉五色石補天，她也是中華民族的始祖。在山西的很多地方都有關於女媧的傳說，如在山西潞城、平順等地就有女媧是善人，不吃葷食的傳說。在平定一帶流傳著女媧用 7 天時間來創造生靈的故事，其

第四節　眾神的狂歡

言玉皇大帝派女媧來治理凡間,第一天是木日,女媧創造了花草樹木;第二天是水日,女媧創造了魚鱉蝦蟹;第三天是金日,女媧創造了飛禽走獸;第四天是火日,女媧創造了五牲六畜;第五天是土日,女媧照著仙童的模樣用黃泥捏了 50 個金童;第六天是月日,女媧又照著仙童的模樣捏了 50 個玉女;第七天是日日,那些金童玉女都有了鮮活的生命,所以這一天也叫做人日。這些神話與傳說反映了遠古人類對自身來源的原始解釋。

在炎黃二帝的神話與傳說中,關於炎帝的最為豐富。在晉東南一帶存有大量關於炎帝神農氏的傳說,如炎帝不僅自己親嘗百草,他的一家都捨身忘己,以求得可使百姓食用的果實。今天已經成為普通農作物的穀子、麥子、豆子等在炎帝時代並不被人們了解,炎帝的大兒子首先吃了穀子,之後中了毒。炎帝的岳母用針在小米上刺了眼,使小米的毒液流出來之後才能讓人食用。其次子在嘗了麥子後也中了毒。炎帝抽了麥子上面的筋,使毒液流走後才能食用。其三子嘗了豆子,毒性發作。炎帝把豆子劈成兩瓣,使毒液流出後才可食用。正是他們捨身試毒,才讓人們知道了這些果實如何處理才可食用。為此,炎帝的三個兒子中毒後都變成了青面獠牙或頭小腰彎、奇醜無比的怪物,他們的健康受到了極大的損害。炎帝本人也因為嘗了百足蟲即斷腸草而不治身亡。他們一家捨生忘死,顯現出勇於奉獻、以民為重的高貴特色。

第四章　傳說中的山西

　　精衛填海也是具有重要影響的遠古神話，其中說到炎帝的女兒名為女娃，住在發鳩山上。發鳩山在今長治市長子縣西25公里處。女娃在出遊的時候不小心溺於東海，化為精衛鳥。她面對東海滔天之水，深恐他人重蹈自己之不幸，於是發誓填海。每天女娃都要飛到西山，銜西山之木石以填東海。在女娃身上，也生動地表現出以他人為重，為他人獻身的崇高特色。

　　在與山西有關的神話傳說中，有很多表現上古時期人與自然之間關係的內容，如堯曾命羲和氏觀測天象，其中的羲仲到了東方的暘谷，羲叔到了南方的南郊，和仲到了西方的柳谷，和叔到了北方的幽都，他們分赴四方，以掌握天象與自然的運行規律。這一傳說流傳廣泛，史籍中也多有記載。在陶寺遺址中已經發現了當時的觀象臺，可以證明這些記載是真實的。堯還任用棄，也就是后稷來管理農業。后稷自幼即好樹麻、喜農耕，有「相地之宜」。凡是宜於耕種的土地，百姓都按照他的做法來播種。《史記》曾言「棄主稷，百穀時茂」。說明在后稷的努力下，農業生產得到了快速發展，人們的生活也因此得到了改善。后稷當年教民稼穡之地，據說在今稷山縣一帶。堯時遇大旱，天上有十個太陽一起出現，以致草木焦枯，於是堯命后羿射日，其中九個太陽被射落，只留下一個。后羿射日之處在今屯留縣三峻山。這裡建有三峻廟，是為祭祀羿神而成。傳說山上還有許多白皮松樹，被認為是后羿射日時留下的箭，它們插

第四節　眾神的狂歡

在了山上長而成樹。

這些神話與傳說也有很多是反映人類之創造功業的。在高平西北的郎公山上建有倉頡廟,傳說這裡就是倉頡造字之處。而在高平的羊頭山附近,傳說炎帝曾來到一個叫樸村的村裡,在此與倉頡老爺遊戲打賭,把自己的二女兒輸給了他。這似乎也反映出這一帶與倉頡有著比較密切的關係。傳說舜的父親瞽叟就是一位音樂家,曾經製造了瑟。當時他造的瑟是十五絃,後來舜命樂師延增加為二十三絃,又命樂師質整理帝嚳時期的音樂作品,終於編成了〈九韶〉。堯的兩個女兒娥皇與女英都嫁給了舜,「嬪於虞」(虞就是舜的故鄉,在今永濟一帶)。她們二人賢德善良,明大義、守禮數,與舜一起完善了中華人文道德。典籍記載商湯革夏桀之命後,遇到了大旱,五年不雨。商湯決定在今陽城縣之析城山祈雨,他不願傷害百姓牲畜,剪髮磨手,以己身代犧牲,在上天面前反省。《荀子》中記有湯王自責之「六過」,如「政不節與?使民疾與?何以不雨至斯極也」等等,並且說「余一人有罪,無及萬夫。萬夫有罪,在余一人」。這種為政理念與愛民情懷對後世的影響也非常之大。

中國的神話與傳說有一個非常突出的特點就是平民性,其中的神靈不僅有很多是功業偉峻的英雄帝王,也有許多普普通通的平民百姓。這在山西地區也有明顯的表現,如愚公移山就是最為典型的一例。愚公要把擋在自家門前的太行山、王屋山

第四章　傳說中的山西

挖開，並且發誓子子孫孫無窮盡也，顯現出戰勝困難的堅強韌性與無摧之力。在山西很多地方，如和順、萬榮等地也廣泛流傳著七仙女與董永的傳說。這一傳說應該不限於山西地區，它顯現出人們對美滿愛情的嚮往、對美好生活的追求，以至於感動了天地萬物。

大致來看，山西地區存留著的大量遠古神話與傳說，是傳統文化中的瑰寶。這些神話與傳說顯現出中華民族的世界觀、人生觀、價值觀，是原始初民對創世偉業的想像與認知，它們非常生動地表現出自強不息、勤勞勇敢，善於創造、愛國愛民的高尚情懷與崇高特色。

第五章
從華夏到中華

第五章　從華夏到中華

第一節
夏文化的傳播與文化意義的中原

　　在前面的介紹中,我們知道大約在堯都平陽的時期,華夏文明形成了,這是一個非常重要的歷史時刻,不僅對中華民族意義重大,對人類的發展而言,同樣具有極為重要的意義。華夏文明是由華夏族人在華夏地區建立的文明,而華族或夏族為當時文明發展程度高的人群,他們在華夏之地,也就是今天晉陝豫交界的地區,特別是晉南地區生活創造,汲取了各地最先進的文明成果,使中華大地上生成了一個將要對人類發展進步產生重要影響的文明形態,它具有強大的生命力、蓬勃的創造力、瑰麗的想像力、強大的同化力,以及融天地與人為一體的洞察力。

　　史籍中往往把「華」與「夏」視為同一含義的指稱。最早使用「華夏」一詞的,據說是《尚書》中的《周書》,其中說到「華夏蠻貊,罔不率俾」,就是說中原地區與偏遠地區的人們,沒有不對周武王表示服從的。孔穎達曾指出,「華夏一也」,「華夏皆謂中國,而謂之華夏者,夏,大也,言有禮儀之大,有文章之華也。」簡單說來,就是華、夏均指文明程度高、文化發達、美麗崇高之地。其文化指代的含義是同一的,華即夏,夏即華。

第一節　夏文化的傳播與文化意義的中原

我們這裡所談的「夏」，主要是從文化層面來討論的。

堯都平陽可視為華夏文明形成的代表，但並不等於只有這一時期才形成了文明。文明不是在某一時刻突然出現的，而是有一個逐漸演化的過程，陶寺只是這一文明形成的確證或標記，我們不能簡單地認為只有堯都平陽之後才有文明出現。從考古發現來看，陶寺之前的紅山文化、良渚文化，包括大汶口文化等均顯現出文明的特徵，甚至形成了非常成熟的文明。這些文明現象屬於廣義的中華文明。經過研究，人們在很多地區發現了包含有華夏文明因素的文化現象，說明華夏文明由其中心地帶，也就是陶寺為主的晉陝豫地區不斷向周邊擴散，並對那些原來並不屬於華夏的地區產生了重要影響。

在山西發現的東下馮遺址是十分重要的夏文化遺址，這裡有彩陶、綠松石等與陶寺相關的遺存，但也發現了許多在陶寺遺址中並不存在的文化元素。這說明在東下馮文化中存在著與陶寺相互影響的現象，其南遷導致今河南二里頭文化的出現，以至夏文化的中心也發生了改變。天下之中由晉南陶寺轉移到河南伊洛地區，影響也進一步向周邊擴展。傳說大禹治水，足跡遍布九州，完成了那一時期劃定九州的工作。所謂「茫茫禹跡，畫為九州」，為之後大一統國家的形成奠定了最初的地理認知與行政基礎。考古學家在今安徽蚌埠市禹會村，發現了當年禹會諸侯的遺址，為典籍記載「禹合諸侯於塗山，執玉帛者萬

第五章　從華夏到中華

國」提供了實證,也證明了夏文化在南方的傳播與影響。

另外,也存在華夏中心地帶的文化在向南之後又北上,向北方以及西部地區擴散的現象。如在山西中部地區的太谷白燕遺址,太原狄村、許坦、光社、東太堡、金勝以及今呂梁杏花村等地均發現了夏文化遺存。它們亦可能渡過黃河出現在今鄂爾多斯及陝北地區,並繼續向北與石峁文化、齊家文化等融合,再進一步向西北一帶傳播。備受矚目的四川三星堆文化遺存表現出非常明顯的夏文化特徵,如在二里頭發現的比較典型的陶器盉、小平底罐與豆等都在三星堆中出現。三星堆文化遺址中的玉器如玉琮、玉璧、玉圭等也明顯受到中原地區或良渚文化的影響,雖然其傳播的路徑還需進行深入研究,但至少我們可以看到其與中原地區,或者說夏商文化之間有顯著的連繫,說明夏文化在西南地區仍然保持了比較強盛的影響力。

華夏族創造的文化在東南西北不同地區均產生了重要影響,如北方的匈奴、南方的百越都認為自己是禹的後裔。這種傳播過程十分複雜,有許多反覆,反映出華夏族群所及之地的進退。但是,從王朝政權所控制的地域來看,與文化影響所及之地還有不同。禹之後的夏朝,因其實力的盛衰,所控區域多有變化,但其核心地區大致在我們今天所說的中原一帶。傅斯年曾根據各類史籍中涉及夏的論述進行研究,認為夏「以河東為土」,說其本土在河東地區,包括了山西南部即汾水流域,河南

第一節　夏文化的傳播與文化意義的中原

西北部即伊洛嵩高一帶；往東至今之平漢線，強盛時期可能會到達商丘一帶；往西據有陝西渭水下游，以至於再往西的地帶；其南部，可能會到達漢水與江水交會的地區，即今湖北北部。（傅斯年：《民族與古代中國史》，上海古籍出版社，2012年，第35頁）大致來看夏所控制的地區就是我們所說的中原。儘管夏之都城不同時期各有遷移變化，但均在中原之地。也可以說，夏朝的存在基本奠定了中國地理文化意義上的中原，也就是中華核心區域的大致形態。這不僅影響甚至決定了中華文化的特色、走向，也影響甚至決定了其基本的政治社會形態。

對夏的理解，除了要注意到作為華夏的夏，也就是文化意義上的夏或華夏外，還存在一個王朝意義上的夏，也就是夏朝。作為夏朝，其控制區域在一定時期是明確的，其存在的時間也是有始終的。但作為文化意義上的夏，其所影響的地區則是在歷史的長河中不斷變動而延續的。這種變動不是以國力之強弱、距離之遠近來判斷，而是以文化的認同來分辨的。所謂夏，並不僅僅是區位與政治意義上的中心，更主要的是文化與禮制意義上的中心，它代表了一種生產方式及由其決定的生活方式、價值體系、社會倫理關係與禮儀服飾等。如果承認這種文化形態，就屬於夏，否則就不是夏，而是夷狄戎蠻。所謂夷夏之辨，其實質是文化之異同。最典型的就是楚，儘管其先祖出自顓頊，為黃帝之後，但長期遠離中原，形成了自己獨特的

第五章　從華夏到中華

生產生活方式,被視為蠻夷,亦自稱蠻夷,不屬於華夏,但後來文明日進,中原諸侯與之會盟,接受了中原之禮儀制度,亦被認為夏。而鄭本為諸夏,但其行為不合禮儀,被視為夷狄。這種轉變主要是文化上的轉變,即禮儀制度與價值選擇的轉變。歷史上許多游牧民族要進入中原地區,其目的是獲得中原正統地位,也就是成為文化意義上的華夏。這種文化認同是中華文明一個極為重要的特點。也正因此,華夏文明逐漸融合約化了許多其他的文明形態,演變為中華文明。

第二節
山西與夏、商、周的關係

　　晉南為華夏之地，至堯時建都平陽，也就是我們所說的陶寺。後來堯禪位於舜，舜禪位於禹，禹建立了夏朝。由此看來，山西不僅與文化意義上的夏，也就是華夏，有著極為緊密的關係，與朝代意義上的夏，也就是夏朝，也有極大的關係。所謂夏以河東為土，就是說夏是以河東地區即晉南為其本土的。後來夏都從晉南，很可能是陶寺或夏縣的安邑，以及東下馮等地遷至今天的二里頭，也就是河南偃師一帶以及其他相關地方。考古發現也認為山西各地多有夏朝時期的文化現象，如東下馮遺址、白燕遺址、光社遺址、杏花村遺址等大量遺存可以證明，山西與夏朝有著極為深厚的關係。那麼，山西與商周有沒有關係呢？要說明這個問題，還要從史籍記載與考古發現中來尋找線索。

　　關於堯的身世。據說堯的父親是黃帝的曾孫帝嚳。帝嚳是古史記載中極有作為的帝王，他有4個妃子，次妃是常儀，為娵訾氏，為他生了長子摯。摯後來繼承了帝嚳的帝位。但是摯的才幹比較差，其德行威望都不如其弟堯，在位9年後把帝位禪讓給了堯。帝嚳的元妃是姜嫄，為有邰氏，生子為棄，也就

第五章　從華夏到中華

是人們說的后稷。棄長於農耕，善於相地，被尊為穀神，是周部落的先祖。帝嚳還有一位妃子叫簡狄，為有戎氏，生子契，被認為是商部落的先祖。堯的母親叫慶都，史稱陳鋒氏，也是帝嚳的次妃，生了堯。我們在這裡介紹堯的兄弟，是要說明華夏族與商周之間的關係。如果我們認為堯為華夏族的話，那麼棄，也就是周部落，以及契，也就是商部落，都應該是華夏族的一部分，是從華夏之地遷徙或分封至商周之地發展的。經過漫長的歲月，他們逐漸形成了政治集團，成為繼夏之後的王朝。但這只是一種分析，還需要從史籍與考古中尋找夏商周三代之間的連繫，以及它們與山西的關係。

我們先討論一下商。商是取代夏的王朝，但其源卻是夏。除了商之祖契本身就是夏族之後外，契在堯舜禹時期均擔任重要職責。傳說堯、舜曾命契做司徒，以教化百姓。又傳契曾為陶唐氏之火正，以管理或觀察大火星，也就是辰星，制定了殷曆。契曾幫助禹治水，成就很大，於是被封於商，並賜契姓「子氏」。這在《殷本紀》等典籍中多有記載。說明契本來是夏之重臣，因功而被封於商，是夏的一支。學者討論先商文化，以追尋封商之前與商有關的文化演變，發現晉中的太谷白燕、太原的許坦等遺存中有相應的文化現象存在。在晉南東下馮遺址中也存在相應的文化現象。特別是在陶器器型展現的文化特點上非常明顯。這說明在商之前的晉中一帶已經存在商文化的先

第二節　山西與夏、商、周的關係

導。學者又根據歷史記載，從文字的演變來研究，發現漳水就是古滴水，「漳」、「滴」音同，為通用字。《漢書·律曆志》：「商之為言章也。」就是說，今天我們說的漳河在當時應該也稱為滴河或滴水，它們所指為同一條河。相應地，商應該起源於漳水之源。而晉中榆社正是漳河的發源地。先商文化在晉中一帶表現得非常明顯。在契封商後，商文化應該會沿漳河向南進入今河南一帶，逐漸發展成為一支具有相對獨立意義的文化政治力量。

封商之後，山西與商的關係亦非常緊密。從考古發現來看，首先是發現了與商有關的城址。垣曲商城平面呈梯形，有宮殿區、居住區等。在夏縣東下馮也發現了商城，有城牆、倉儲建築等。這兩處商城建於夏人活動的中心地區，連接晉南與豫西，既是對夏人的防禦之地，也是從富庶的晉南向商之京畿運送物資的樞紐之地。其次是在山西還存在大量與商有關的方國，這些方國或在不同時期歸順於商，或與商保持了對立的姿態，如亙方、唐方、子方、土方、馬方、鬲方、鬼方、危方以及天方等，分布在呂梁山脈黃河沿線與晉中、晉南、晉東南等地。許倬雲先生在其《西周史》中介紹了李學勤先生的研究，認為土方地望在山西中部，與商為敵；危方在山西西南部；鬼方亦在其近鄰，是商之勁敵。（許倬雲：《西周史》，生活·讀書·新知三聯書店，2001年，第43頁）

第五章　從華夏到中華

在不同遺址中發現了大量的商代器具,其中以青銅器為最。在長治一帶發現的青銅器與殷墟青銅器完全一致,說明這一地區受殷商文化的影響非常明顯。在靈石旌介一帶發現的青銅器群,與殷墟青銅器有著形制與紋飾等方面的相似之處,具有明顯的商文化特徵。在石樓一帶發現的青銅器則具有突出的游牧與尚武特徵。一些青銅器還刻有銘文,如刻有「丙」字族徽的青銅器,說明這些青銅器為丙方人所有。據青銅銘文記載,丙人曾在軍事征伐中幫助過商王,是與商有良好關係的方國,商王亦因此而賞賜丙方等等。在柳林高紅遺址中發現了商時大型夯土臺基,這裡應該是一處高度發達的社會組織的中心。一些地方還發現了商時青銅車具與銅馬雕像,說明這一時期車馬的使用已經非常普遍,活躍在晉西北地區的馬方、丙方應該是其代表。

商時,山西地區也出現了許多傑出的人才。其中的傅說,出身低下,被商王武丁重用為相,其治國思想對後世有極為重要的影響。傅說還是一位建築學家,使版築技術得以光大。另一位十分重要的人物是箕子,他本為殷紂王叔父,因反對紂王荒淫暴虐被囚禁。箕子善卜筮,精陰陽五行,據說還發明了圍棋。後被周封於朝鮮,將先進的華夏文明傳播到朝鮮半島,促進了朝鮮半島的文明開化。總而言之,山西與商有著非同一般的關係。

第二節　山西與夏、商、周的關係

　　我們再來看周，堯的另一位兄弟棄被認為是周之先祖。史籍記載其出生地為山西稷山，後被封於古邰城，在今陝西武功縣，號稱后稷。當棄還是孩童時就喜好種植，成人後善於相地，知道什麼地可以種什麼，所以他種地收穫頗豐，被堯發現後舉為農師。舜命其為稷官，常教民耕種，播蒔百穀，使天下百姓改善了生活。據說棄是最早種稷之人，也是第一個建立糧食儲備庫，實施畋畝法的人。棄由於在堯舜禹時期歷代均為主管農業的官員，人民頗受其益，被後人尊為農神、穀神。由此來看，后稷本身就是夏之一員，其族民本來就是夏人。這一點也在許多史籍的記載中得到證明。周人自稱往往以「夏」為名，如《尚書・康誥》「造我區夏」、《詩經・周頌》有「我求懿德，肆於時夏」等。《史記・周本紀》比較詳細地記錄了后稷的生平，認為「后稷之興，在陶唐、虞、夏之際，皆有令德」。

　　很多學者認為周之源起在山西。如錢穆、許倬雲、鄒衡等明確認為是晉南。除因棄為堯之農官，應距陶寺不遠的客觀原因外，考古研究也發現了周、夏之間的密切連繫，主要是揭示出周人在晉活動的重要區域與遷徙路線，發現周與陶寺、東下馮以及石樓、光社等文化遺存的關係，可以看出周人可能從晉南向晉中以及更北方向遷徙的動向。在靈石旌介出土的青銅器中有「天」之族徽。而天族正是周人的象徵。在《詩經・大雅》的〈緜〉中有「自土沮漆」的記載，介紹了周人遷徙的歷史。這

第五章　從華夏到中華

裡的「土」就是土方，在山西石樓縣。「漆」是漆水，在陝西武功一帶。這就是說，周人是從山西的石樓一帶輾轉遷徙至今陝西武功一帶的。這一遷徙，可能是因為夏之太康失國後，周人不再受到重用，開始向北方遷移。但這種移動不是一朝一夕完成的，而是經過了一個相對漫長的時期。他們並沒有立即尋找到自己擅長的農業生產的理想之地，而是自竄戎狄之間，也就是遷徙到了西北地區不適宜於農業生產的地帶，只好放棄了原來的農耕方式，改為游牧生產族群。後來在周人的領袖公劉的帶領下，逐漸遷移到了豳地，發展農業，創制禮儀，受民稱頌。再後來古公亶父率部再遷至周原建周國，為商之諸侯國，這為之後周文王、周武王的興起奠定了基礎。至周武王時，終於滅商立周，展開了中華文明興盛的嶄新時代。

　　山西與周王室的關係亦非同一般，晉國為周時極為重要的諸侯國。周成王封叔虞於唐，具有屏護周室的策略意圖。後來改唐為晉，逐漸演化為實力強大的諸侯國，稱雄天下。晉文侯勤王，助周平王東遷，被認為是再造周室的功臣。透過改革、和戎、變法，晉國的經濟、政治、文化都得到了發展，終成霸業。韓趙魏三分晉，展開戰國時代，漸成一統大業。同時，晉之文化科技與經濟多有創新之舉、濟世之功，為周時中華民族社會經濟的發展、禮儀制度的完善、價值體系的建構、文化藝術的繁榮做出了極為重要的貢獻。

第三節
疆域的拓展與山西

前面我們介紹了華夏文明的形成。但是，華夏文明與中華文明是什麼關係呢？在什麼時候出現了中華文明呢？下面我們再談談這個問題。

我們知道，華夏文明是中華文明的主體，但華夏文明並不等於中華文明，中華文明是一個比華夏文明所指更為廣泛的概念。在漫長的歷史過程中，由於華夏族群一直處於生產力發展水準較高的層面，其生產方式，以及由此決定的生活方式、行為規範、價值體系對其他族群產生了正面影響，吸引他們逐漸融入華夏、認同華夏，成為華夏族群的組成部分。這可以從許多史籍的記載中看到，如匈奴族群生活在北部草原地帶，從事游牧生產，對中原地區產生了重大影響。但他們並不認為自己不同於華夏，而是說自己是夏后氏之苗裔。也就是說，匈奴人認為自己是夏的後人，只是不在中原生活，遷徙到了北方草原地帶。這種自認為華夏後裔，並追懷自己的先祖為華夏的現象在草原游牧族群中是極為普遍的。

還有一種情況是，原來並不被認為是華夏的族群後來成為華夏。如周人，本為黃帝姬姓之後，長於農耕，無論其生活的

第五章　從華夏到中華

地區還是從事的生產，均為華夏，但他們從晉南一帶遷徙至西北地區，奔於戎狄之間，與游牧族群生活在一起，從事半耕半牧的生產，自然不再被視為華夏。後來在古公亶父的帶領下回遷至渭河流域的周原一帶，重新從事農耕，並得到發展壯大，終於克商興周，繼承中原正統，又成為華夏。

正是在這樣的歷史演變中，華夏族群不斷擴大，融合了東方、北方、南方及西方等地不同的族群，形成了一個更為龐大的民族——中華民族。其文明也吸納了本來並非華夏地區、華夏族群創造的文化，顯現出更為強大的活力與創造力。如果簡單用華夏文明來概括，就會使人誤為原生的古華夏文明。而用中華文明來指稱，就更符合歷史的實際情況。中華之「中」，源於中國，是據有地中天意與帝王之都正統含義的表達。中華之「華」，是華族所造之崇高文化、高尚文明的指稱，其含義應該是能夠代表天意的具有發達文化的正統之民。而這一民族及其文明之形成，應該在周時。為什麼這麼說呢？其原因大致有這樣幾個方面。

周克商之後，其治理疆域得到了空前的擴展。在《左傳·昭公九年》中有一段關於周之疆域的記載，詹桓伯對晉人說過到這一問題，其大意是周自夏及后稷，魏、駘、芮、岐、畢是周的西部疆域。就是說，從夏以來，周就在西部的這些地區活動，直至今天。到了武王克商後，周之疆域向四方拓展，東部疆域

第三節　疆域的拓展與山西

有蒲姑、商奄等地，南部疆域有巴、濮、楚、鄧等地，北部疆域有肅慎、燕、亳等地。這裡所說的是武王克商時周之疆域的大致範圍。實際上在周朝漫長的 800 年歷史中，其疆域在不斷地擴大，中原邊遠之地不斷地被周同化。這裡我們根據考古學家的研究，簡單介紹一下其疆域的四至。

在北方，考古發現被認為是燕國都城的遺址在今北京房山琉璃河一帶。此外，在太行山東麓如邢臺、淶水等地，太行山西麓之翼城、絳縣、曲沃、洪洞、長子、黎城等地均發現了西周時期的遺址。在東方，最遠的封國是齊國，在青州鳳凰臺等地有遺址發現，可見其勢力拓展至山東半島一帶。在南方，西周最遠的封國大概是鄂與曾，大約在今隨州一帶，說明其勢力範圍已經拓展至長江流域。雖然周並沒有在其心腹之地渭河流域分封土地，但其在西部的影響至少拓展到甘肅天水一帶。這一描述與前面《左傳》的說法還有不同，但這是用考古發現來證明的西周的疆域，並不是實際存在的情況。

周朝大概有 800 年的國運，終於被秦取代，成一統之勢，其間經歷了各種變化，控制疆域不斷擴大。特別是進入東周，更多的諸侯國被納入其勢力範圍。南部如楚國、吳國、越國等均為周之諸侯國。而在北方，隨著秦趙實力的增強，其控制區域也在不斷拓展，一直進入草原地帶。在西部，周之勢力已進入巴蜀之地，影響到雲貴地區。在疆域拓展的同時，各地的文

第五章　從華夏到中華

化也進入中原核心地區，它們相互交融，使中原地區的文化顯現出豐富性。如果僅從周王朝控制的疆域而言，夏商均難與之相比，這是在周時發生的一個極為重要的變化。

在這一變化中，山西有什麼作用呢？大家都知道，山西古稱「晉」，而晉就是周王室之重要封國。桐葉封弟的故事大家都知道，說的是周成王與自己的弟弟叔虞玩耍，要封叔虞，事後卻並沒有當回事。但是周公卻說天子無戲言，於是成王就把叔虞封於唐國，也就是後來改稱為晉國的地方，在今天的曲沃、侯馬一帶。這是史書上有記載的。但是從周克商之後進行的分封來看，似乎並不是這麼簡單。因為周克商之後有一個如何控制局勢、鞏固政權，對國家進行治理的問題。周雖然沒有滅絕商的官民族裔，但仍然有一個如何控制這些殷商遺民的問題。其分封國土就展現出非常重要的政治謀略，其中最重要的是齊、魯、衛、晉四國。如把周武王的老師姜太公封於商之盟國蒲姑與萊夷一帶，建立了齊國；把周公旦之子伯禽封於商之盟國奄，建立了魯國；把周武王的弟弟康叔封於衛國，以統領殷商遺民。可以看出，這些分封都是用周王室最信任、最重要的人來管理過去與殷商關係密切的地區，以防止其對周不利。

此外還有一個極為重要的分封，就是把周成王的弟弟叔虞封在唐國，即後來的晉國。所以，封叔虞於唐，並不是一句玩笑話，而是有策略意義在內的。晉國地處黃土高原，對高原之

第三節　疆域的拓展與山西

下的地區成俯視之勢，是防範高原北部游牧族群的策略要地，也是居高臨下鎮壓殷商舊族的策略高地。因此周王室需要有一個對周忠誠、能力非凡的人來治理晉，這實際上正是由於晉所處的地理位置非常特殊，北可防游牧族群南下，南可控宗周豐鎬、成周洛陽之安危。同時，晉南地區氣候宜人、土地肥沃、物產極豐，亦是供給中央財物的重要地區，無論戰時、和時，其策略地位均極其特殊。

在疆域的拓展中，晉國的貢獻也非常大，這主要展現在與西部游牧族群的關係上。東周時，林胡、東胡、婁煩等對趙形成擠壓。趙武靈王「胡服騎射」，改革軍制，使周之軍事實力大大增強，迫使諸胡退回草原，周之疆域亦得到空前的拓展。最早修築的長城有趙長城、燕長城，其軍事目的均為阻擋游牧族群南下。這時趙的疆域已經擴展至草原地區，農耕生產也越過了雁門關，向更北的區域延伸。這當然是周時發生的重大變化。相對於商來說，雖然商也十分重視對河東地區的經營，在垣曲等地建有城防，但其國力漸弱，呈收縮之態，晉地之防護屏障並沒有發揮應有的作用。

整體來看，周時，由於其國力的增強、文化的發展，疆域不斷擴大，不僅擁有傳統的中原地區，而且在此基礎上向四方拓展，大致控制了主要的宜耕地帶，使中華地區的生產方式呈現出以農耕為主，間有畜牧、手工業、貿易等一主多樣的形

第五章　從華夏到中華

態。在其控制的疆域範圍內,不同生產方式的族群對中原的認同進一步增強。這種認同,雖然有政治權力的作用,但更主要的是文化的影響。

第四節
民族的融合與山西

　　前面介紹了周立之後所控制的疆域逐漸發生了變化,主要是前所未有地擴大了,這是作為王朝的夏與商遠不及的。大致來說,今天中國的大部分地區當時都在周之控制或影響之下。周時出現的另一個非常重要的現象就是民族的大融合。這種融合不僅是行政意義上的,更主要是文化意義上的。也正因此,奠定了中華民族最基本的認同基礎。

　　周之前,在中華大地上生活著各種不同生產生活方式的族群,由於所處地理條件不同、氣候不同,物產各異,形成了不同的生產方式及與之相應的生活方式,其生產力發展水準也不盡相同,各有差異。大致來說,生活在中原地帶的族群,由於地理條件的優越性,生產力發展較快,文明程度較高,這就是我們所說的華夏族群。但是,在其周邊地區還生活著許多其他族群,就是我們通常所說的蠻、夷、戎、狄等。同時,不同族群並不是整齊劃一地在不同的地區生存,而往往是錯雜交叉,表現出地域上的複雜性。即使是在華夏地區,也仍然有很多不同的族群,他們生活在華夏之民的相鄰地帶,如高山地帶,從事著不同的生產,如半耕半牧或以畜牧為主。

第五章　從華夏到中華

以周人而言，其先祖后稷本來生活在華夏中原地區的汾河流域，從事農業生產，且世為農官，極受重用，但是後來遷徙至更北的地區，所謂「自竄於戎狄之間」，與戎狄雜居，開始游牧生活。這一時期，周人不再被視為華夏，成為非華夏族群，後在古公亶父的率領下遷至關中渭水流域，伐木劈土，以農耕為主，又重返華夏。同時，他們與周邊的其他族群如北狄獫狁、犬戎、昆夷等有較多的連繫接觸，或發生衝突，相互攻守，終於發展壯大，克商而興，成為華夏正統。從周人的情況可以看出當時複雜的民族關係。一是這些族群不一定是固定的，是隨著條件的變化而改變的。如周，本為華夏，但因地理位置偏北，被視為戎狄，但雖為戎狄，卻又回歸華夏。可見，是不是屬於華夏，不是看某一族群的出身，而是看生產方式、生活方式以及相應的文化。二是華夏族群與其他族群之間往往是相鄰錯雜而居的，不同族群之間並沒有嚴格的地域之分，它們很可能就是鄰居。在偏北的地區，可能生活著獫狁這樣的非華夏族群，但也生活著周人這樣的本來屬於華夏的族群。在關中平原，可能生活著從事農耕的周人，但也與昆夷等相鄰相間。三是那些非華夏的族群是不是曾經屬於華夏，也是一個非常複雜的問題。比如匈奴，可能就是獫狁的後人，但是匈奴認為自己是夏后氏之苗裔。如果是這樣的話，似乎應該判定獫狁至少曾經是華夏之民。無論什麼情況，都只能說明歷史上民族問題的複雜性。我們需要了解到的是，由於生產生活方式的不

第四節　民族的融合與山西

同、文化形態的差異，在不同的時期存在著許多不同的族群。

西周立朝，這種民族形態的複雜性仍然存在，但隨著周之國勢的變化，發生了改變，即出現了大融合。首先是曾經屬於華夏，後被視為蠻夷的族群被重新視為華夏。除前面所說的周外，如楚，其先祖為黃帝之孫，顓頊帝高陽氏，為華夏之後裔。直至商朝末年，楚之鬻熊曾為周文王非常信任的重臣，其曾孫熊繹被封於楚荊。楚君熊渠曾揚言「我蠻夷也，不與中國之號諡」，不僅自認為蠻夷，且就規章禮制等言，也不承認、不認同華夏。但是，隨著國力的增強及與中原各國的連繫日益密切，文化的交流也越來越深入，楚國在國家治理、經濟發展、文化禮制等諸多方面開始採用中原模式，終於稱霸一方，成為左右周王室的重要力量。楚也不再自認或被認為是蠻夷，重新成為華夏族群中極為重要的一部分。有類似情況的如秦、吳、越等皆如此。

其次是曾經被視為非華夏的異族被華夏同化，成為華夏的組成部分。如周立，封周召公於戎狄居住的地區，今北京房山琉璃河一帶，建立了北燕國。這一帶原本為商時各方國。這些方國的人並不是商人，而是從屬於商，或者說接受商統治的戎狄之人，如肅慎，他們在召公的統領下，逐漸接受華夏文化，成為華夏之人。戰國時期，趙滅中山，中山之民成為華夏。但中山國之民，此前並不被認為是華夏，而是非華夏的戎狄人民。

再次是透過戰爭征服非華夏族群，使之歸順華夏。如周宣王曾對嚴允、西戎、徐戎等發動戰爭，使這些族群歸順周王

第五章　從華夏到中華

朝,逐漸演化為華夏之人。其他諸侯國也征戰周邊實力較弱的國家,滅其國而收其民。或者征服華夏諸侯國臨近或領土內的非華夏族群,使這些民眾歸順華夏。總而言之,在周時出現了一股極為普遍的民族融合潮流。儘管這一潮流並沒有把所有的不同民族演變為同一民族,但卻促進了各民族對華夏族群、華夏文化的認同,奠定了中華民族在文化價值上的求同特色。

在這一潮流中,山西亦發揮了十分重要的作用。周成王封叔虞於唐,後改為晉。無論唐晉,均有屏障高原戎狄族群,護衛周室的策略作用。事實上晉地雖然地理條件優越,政治環境卻比較複雜。一方面是商時晉地諸方國雖然有許多與商的關係比較差,但無疑也有許多與商保持了比較緊密的關係。商亡,這些方國的態度如何,需要有周室信任的人來統領。另一方面是晉地地勢複雜多樣,在廣大的山區如呂梁山脈、太行山脈等處仍然生活著許多戎狄族群,如在今晉東南一帶,當時就有赤狄,在晉西南有戎族,在晉北有犬戎以及林胡、東胡、樓煩等。這些族群與晉地的華夏族群錯雜交叉,往來亦很密切。

《左傳》就記有「晉居深山,戎狄之與鄰」。如晉獻公一方面兼併戎狄之勢力弱小者,一方面亦與戎狄交好,他的四位姬妾均為戎狄之女:大戎狐姬生重耳,就是後來的晉文公;小戎子生夷吾,即後來的晉惠公;驪戎女生奚齊;其妹生卓子。她們的親戚也多在晉室為官,如狐姬之兄狐毛以及狐偃,也就是子

第四節　民族的融合與山西

犯,均任晉國之上卿或將軍。晉文公亦娶狄女為妻。晉之名臣趙衰與狄女所生之子即後來在晉國任執政的趙盾。

晉在推進民族融合中多有突出的貢獻。封國之初,即實行「啟以夏政,疆以戎索」的治國方略,就是用夏的政治文化來治理晉,同時以戎狄之習俗法度來管理其地。這充分反映了周時對於民族關係實事求是、尊重包容的態度。事實上晉也比較典型地實施了這一方略,許多戎狄族群在與晉的連繫交往中被同化。晉惠公曾安置由秦遷入晉地的姜戎氏於晉南。姜戎氏參加了晉國的許多征戰活動,其中的一部分逐漸認同了華夏文化,終於融入華夏。晉悼公時,大臣魏絳力主和戎,陳述和戎之利。晉悼公派魏絳去實施。魏絳所到之處,均與戎狄簽訂盟約,雙方和睦相處,不僅增強了晉國的影響力,而且極有助於經濟社會的發展,是為「魏絳和戎」,對中國多民族國家一統同宗的形成做出了重要貢獻。

和戎帶來了民族的團結、社會的進步、文化的認同。晉地用於農耕的土地得以開闢,農業得以發展,同時學習了戎狄的騎馬技術、製造刀具的技術等,生產方式得以改進。晉人的青銅製造技術、建築技術、製陶技術與文字等亦為戎狄族群所接受,相互之間的融合不斷加深,「與華夏無異」。總之,周時是民族大融合的重要時期,形成了以華夏為主體,融合多民族族群於一體的民族形態。

第五章　從華夏到中華

第五節
統一治理形態的形成與山西

　　周時社會管理體制也發生了極為重要的變革,這種變革主要是強化了國家的行政體系。一方面是以分封的方式使地方的權力與中央的關係更加緊密。地方諸侯的權力來自王室的分封,而不是其他。另一方面是這種分封的權力體系更加普遍健全。凡周王室能夠控制的地區均需分封,這大大增強了國家的一體性。所以人們一般認為周王朝時期是中國封建社會形成的時期。亦由於這種分封使國家治理體系統一起來,形成了中華民族的第一次大一統。

　　事實上這種分封的國家管理方式並不是周時才出現,應該在夏或者更早的時候就已經存在。堯就是被帝嚳封於古唐國的,這就是說在堯時已經出現了封的國家管理方式。不過,在那一時期,分封並不是國家管理最重要的手段,所謂的帝控制的地域可能也很有限。堯時對各地方國或部落的控制主要是一種軟控制,即憑藉其生產力的發達與堯個人道德人格的高尚來影響、吸引其他地區的人們,使之歸順或追隨堯之唐國。所謂協和萬邦,並不是依靠權力或武力,而是依靠道德教化,所以人們認為堯其仁如天、其智如神,就之如日、望之如雲,莫不

第五節　統一治理形態的形成與山西

來朝。大禹治水，合諸侯於塗山，執玉帛者萬國。這裡所謂的萬國，並不都是封國，而是各地眾多的部落方國慕禹之威名而來。不過夏時的分土封侯現象表現得更為突出，《史記》就記有「禹為姒姓，其後分封，用國為姓」。至商，因於夏禮，就是繼承了夏的制度文化，其分封亦多存在。對此，《史記》亦說「契為子姓，其後分封，以國為姓」。不過商時各地方國很多，據說有三千，這些方國並不是商所封而成，它們與商王室或歸順、或親近，或敵對、或搖擺，情況比較複雜。總體來看就是隨著社會生產力的發展，分土封侯的現象越來越突出，王室對其他地域的管理控制進一步向權力體系的完善傾斜，至周時終於形成了一整套相關的管理體系。

這種管理體系最突出的特點是分封制的進一步完善與系統化。武王克商，周代商而立，分封各地，至成王時大封諸侯。在以洛陽為核心的地帶，封姜太公於商之盟國蒲姑與萊夷，建齊國；封周公旦之子伯禽於商之盟國奄，建魯國；封武王之弟康叔於殷墟，建衛國；封成王之弟叔虞於唐，後改為晉。同時，封周召公奭於戎狄集聚的燕地，建立燕國，亦稱北燕；封商紂王的庶兄微子啟於商之故都商丘，建立宋國。從這些分封來看，周對克商之後的國家治理有非常深遠的策略安排，其中以齊、魯、衛、晉為主體，主要解決的問題是對商之盟國臣民的制約與對北方戎狄的防衛；以燕與宋為其兩翼，主要解決的問

第五章　從華夏到中華

題是平原地區戎狄的教化以及商舊都商遺民的管理。此外，還分封數十個姬姓同族諸侯，炎帝、黃帝以及帝堯、帝舜、夏禹之後於各地。僅這些黃帝姬姓系的封國就有 70 餘國，此外還有其他族系的封國。透過分土封侯，確立了周王室與各地諸侯之間的權力關係，其數量、布局、地域之廣前所未有。《詩經·北山》有言：「溥天之下，莫非王土。率土之濱，莫非王臣。」這種一統的國家形態正是周時形成的。

與此相應的是土地制度的改革以及稅制的變革。周根據距都城的遠近劃國土為五服，其收穫用來承擔不同的社會責任，如供奉百神，備百姓之用，以及不庭不虞之患，也就是意想不到的災害之用等。為此，將土地及依靠特定土地生活的庶民授予貴族，土地不再是個人的私有財產，而是屬國家所有，由貴族占用，由庶民耕作，並承擔國家賦稅，這就是所謂的「授民授疆土」之說。其賦稅制度是「百畝而徹」，就是每耕種百畝土地繳十分之一的稅。其基本方式是「井田制」，凡一井有公田，亦有私田。這種土地賦稅制度雖然在夏時已出現，商時亦有改善，但至周時才進一步完善普及。

晉國為周王室姬姓之國，亦是周核心地帶的屏護之地、供給之地，在周之地位極其重要。前面已經分析過周成王封其弟叔虞於唐，就是後來的晉，這首先是國家策略布局的需求。對北部戎狄，晉有護衛周室之用。對殷商舊民以及叛亂之諸侯，

第五節　統一治理形態的形成與山西

晉在黃土高原，有憑藉地勢俯瞰，實施衝擊鎮壓之用。晉地物產豐盛，農業發達，對周中心地帶有供給之用。晉為夏墟，乃夏人興起興盛之地，為周人先祖后稷祖地。有夏才能有周，有晉才可護佑王室。因此，對於周王朝而言，唐也好，晉也好，均有其精神維繫之用。

在周大約八百年的時間內，晉之重要性非常明顯。首先是晉地開疆拓土，不僅征服、歸順了許多戎狄之民，而且將原商時方國的大部分納入周之勢力範圍。同時，晉以及後來分晉後的韓、趙、魏三國不斷向周邊開拓，使周之控制地域大大拓展至塞北地帶及太行山以東的地區。如曾經雄踞太行山東西兩側的白狄中山國，勢力強盛，但終被趙滅，其地亦歸周。從這樣的角度來看，晉對周之貢獻非常顯著，大大地拓展了周的疆域與勢力範圍。

晉對周王室的屏護也多有極為重要的表現。西周時厲王無道，奢侈揮霍，防民之口，激起各地諸侯與百姓的嚴重不滿，民不堪其苦，終於爆發了國人暴動。周厲王倉皇出逃至彘，後歿於彘。彘是什麼地方？就在今山西霍縣。周武王封諸侯時，把自己的弟弟叔處封在霍，為霍國。因其境內有彘水，又名彘。其地與當時的晉為近鄰，春秋時被晉滅。這時的霍國還是一個被周封的諸侯小國，厲王逃至此，表明彘與其關係比較好，成為周王遇難時的避難之地。厲王廢，宣王靜立。歷史上

第五章　從華夏到中華

　　有所謂「宣王中興」之說。周宣王攻伐諸狄，多有斬獲，但與姜氏之戎的千畝之戰卻大敗。為補充兵員，「料民於太原」。所謂「料民」，就是清查戶口，以便徵兵。可見這時的太原已為周之倚重之地。

　　西周末，由於周幽王破壞定制，寵信褒姒，戲弄諸侯，被殺於驪山。京師豐鎬破，被搶劫一空，盡成瓦礫。周平王立，決定遷都成周雒邑，也就是洛陽，開東周時代。對於國家而言，遷都事大，必須有實力雄厚的諸侯支持。這時為周平王護駕的，主要有秦、晉、鄭等諸侯。秦本與周同在黃河之西，地域相連。晉則在黃河之東，本來就有藩護之責。鄭國先被周宣王封於鎬京附近，大約在今之華縣。周遷洛陽之前鄭已遷於今河南新鄭一帶。他們對周王室東遷亦有護送之功。周襄王時，王子帶叛亂，趕走襄王，自立為王。周襄王向秦、晉求援。晉大夫趙衰認為，求霸莫如入王尊周。周王室與晉是同姓，如果能夠尊王護周，就是晉國的資本。晉文公聽從了趙衰的意見，派兵把周襄王護送回雒邑，誅殺了王子帶等人。周襄王為酬謝晉文公，賜給晉國黃河北岸、晉國之南大片土地。可以說，從某種意義來看，晉國對周王室確有護佑再造之功。

　　東周時，周王室的地位已大不如前，宗法制度被破壞，天子權力被削弱，諸侯之間相互爭霸兼併，社會秩序處於混亂狀態。據說禹會諸侯時有萬國，至商時有三千，西周末大概有

第五節　統一治理形態的形成與山西

一百四十餘國。東周時，諸侯的兼併更為激烈。春秋時期最重要的是五霸，但主要的諸侯國仍有齊、魯、楚、燕、秦、宋、鄭、吳、越以及晉等。後來，晉國為韓、趙、魏三國所分。周烈王二十三年（西元前 403 年），周王室承認韓、趙、魏為諸侯國，虛晉國。三國分晉，《資治通鑑》所載認為是東周時春秋時期的結束，戰國時期的開始。這時尚有諸侯二十多國，但以齊、楚、燕、韓、趙、魏、秦實力最強，是為「戰國七雄」。由此可以看出，晉國被分具有極為重要的歷史意義，這不僅是戰國時期開始之象徵，亦推動了當時社會政治經濟的轉型，促使周時封建領主分封制向多民族的、大一統的、中央集權的國家制度轉變。

第五章　從華夏到中華

第六節
禮樂制度的嬗變與山西

　　周時一個極為重要的貢獻是禮樂制度的確立，禮制成為國家治理的基本體系，也就是說，國家政權的基本架構、社會管理的基本方面都有可以遵循的制度規定。這與夏商有很大的不同。夏時國家形態與周相異，其治理方式也有區別。那時已經有了中央與地方不同的組織體系，有管理各項事務的官員，有王位的繼承制度等，王位世襲制、分土封侯制、世卿世祿制等宗法制已經基本建立。但是相對來說各方面都比較簡單，還有很多部落或方國之類的政治組織並沒有納入這一管理體系。商時，承夏制因夏禮，各有增減變革，主要是各種制度更為具體詳盡。但無論是其管理體系的完善，抑或是地域治理的全面，多難與周時相比。特別是還有很多方國作為地域性政權組織的存在，並不是商之封國，甚至很多方國與商是敵對關係。

　　周人強調自己是夏人，這雖然有歷史演變的依據，但主要是為了取得文化上的正統地位。同時，周也繼承了夏以來的相關制度，並進一步完善，主要展現在這樣幾個方面，一是完善了中央制度。周天子分封諸侯，對諸侯有封、奪之權。諸侯需聽命於天子，向王室納貢，盡各方面的義務，大國諸侯亦可

第六節　禮樂制度的嬗變與山西

在王室任中央職務。二是普及了分土封侯制度或封建制度。國家的土地歸周王室所有，由王室分封給諸侯，諸侯再以各種形式交由庶民耕種。三是健全了禮樂制度。無論國家大事、諸侯之請、庶民百姓之行為都有相應的制度規範，形成了一整套典章禮儀，如表示權力地位的鼎，就規定天子用九鼎、諸侯用七鼎、大夫用五鼎、士甲用三鼎或一鼎等等。在此基礎之上，明確宗族世系，不論天子或是諸侯，均分為嫡系大宗、庶系小宗，大宗嫡長子有繼承大位之權。這使宗法制度更為完備，類似這些事項都以制度律令的形式確定下來，供人執行。

傳說由周公所作的《周禮》是中國第一部系統完備的規範國家機構、治理體系及制度功用的著作。儘管此書到底由誰所作還存在許多討論，但基本上反映了周時的禮樂典章是無疑的。在這一著作中，以周制為主軸，不僅介紹了當時國家機構的設定分工與職能，也反映出當時人們對國家制度、權力意義的哲學思考，涉及政治、經濟、文化、藝術、科技、軍事、日常生活等諸多內容。《周禮》共分為六部分：一是天官塚宰，主要是治理國家之官，是為治官；二是地官司徒，主要是掌管邦教之官，是為教官，亦包括掌管土地與人民的官；三是春官宗伯，主要是掌管禮事之官，是為禮官；四是夏官司馬，主要是掌管軍政之官，是為政官；五是秋官司寇，主要是掌管刑法之官，是為刑官；六是冬官考工記，主要是掌管工程技術事務之官，

第五章　從華夏到中華

應為事官,但此篇亡佚,後人以《考工記》代之。

　　《周禮》把國家治理體系中的官職體系與自然現象結合起來,規定什麼季節什麼時間做什麼政事、如何做等等。在對政權治理的規定中,展現了人與自然之間密不可分、相互作用的關係。如大司徒,也就是塚宰的職責之一是尋找地中,並決定在地中建立王國都城。之所以如此,因為地中是天地中和之氣匯合的地方,是四季時間均衡交錯的地方,也是風雨適時匯聚致風調雨順的地方,是陰陽二氣和諧而存的地方等等。《周禮》也明確地強調了仁的政治理想與作用。國家治理就是要富邦國、任百官、生萬民,使國、官、民三者統一起來。國家治理的目的是要國家強盛,百姓能夠很好地生活,此乃為仁政,是符合天道之政。《周禮》也有很多部分涉及藝術、科技等內容。在制定官職禮制的同時,《周禮》也是一部反映周時政治、經濟、文化的百科全書。

　　一般而言,人們認為中國傳統文化強調以禮治國,強調德政仁治。但實際上所謂的禮,其實也就是法,是一種要求人們遵循的規則。在禮中也包括了法的要求及法的內容。或者我們也可以說,禮與法是一枚硬幣的正反兩面,禮從正面規範人們應該做什麼、怎麼去做,法則從反面限制人們不能做什麼、做了之後要承擔什麼後果。《周禮》也反映了當時有關法的內容,如秋官主要談的就是刑法的相關事項,其首長司寇的職責就是

第六節　禮樂制度的嬗變與山西

「掌邦禁，以佐王刑邦國」。如「以五刑糾萬民」，就是用五種刑法來糾察民眾；「以圜土聚教罷民」，就是用獄城來囚禁教化那些遊惰不善之民等等。

其實中國傳統文化中對法的重視並不弱，歷來都有關於法治的建設舉措。在堯舜時期，文明初創，一切還不夠完備，但已命皋陶作法。《尚書》中就記載了舜命皋陶「汝作士，五刑有服」。這裡的士就是理官，也就是制定與執行法律的官，而「五刑」指墨、劓、刖、宮、大辟等五種刑法。夏時，正如《左傳》之言，「夏有亂政，而作《禹刑》」。據說夏時即有著名的監獄，叫「夏臺」，也叫「鈞臺」，在河南的禹縣，也是夏桀囚禁商湯的地方。堯舜禹及夏均與山西關係密切，前面已經有相關介紹。如果是這樣的話，也可以說晉地與中國法治的肇始、建設有著非常密切的關係。

商立之後，因夏禮，把原來已經有的法律與夏朝的法律結合起來，制定了《湯刑》，這對周時的法治建設也有很大的影響。儘管不同的時代，法律各有增減變化，但歷史上還是有周朝之「刑名從商」的說法。據說周公旦曾作《九刑》九篇，這應該是西周時期成文刑法的總稱，基本沿用了商時的五刑制度，再加贖、鞭、撲、流等四種，共九種刑法，是當時的法律文書，亦可視為禮的一部分。到周穆王時，曾命呂侯為相，制定刑法，被稱為「呂刑」，收入《尚書》中的《周書》。這應該是中

第五章　從華夏到中華

國遠古時期一部比較完備的成文法，亦可視為法律制度較為成熟時期的著作。總而言之，無論誰來制定法律，法都是禮的一部分，而禮本身也具有法的含義。

前面已經介紹了晉國在維護周王室地位中發揮的作用。晉之初封時，其諸侯的爵位為侯，但是在晉武公取代晉之大宗後，晉君諡號均稱「公」，這些都應是對周之宗法制的破壞。但這一現象並不僅限於晉國，其他諸侯國亦多如此。可以說晉國也是改變了周之宗法制度的主要國家。這一點特別展現在「曲沃代翼」上，也就是作為庶系的曲沃小宗因為勢力強大，逐漸取代了嫡系大宗的地位，成為晉之國君。嫡長子繼承制度也不再嚴格執行，往往有庶子繼位的現象。後之晉國諸君汲取教訓，重用異姓貴族士卿而廢公族，終使卿族勢力越來越大，以至於掌握了晉國的軍政大權，由韓、趙、魏三氏瓜分晉國，終春秋之世而開戰國之爭。

由於宗法制被破壞，宗法的約束力下降，禮樂之制的影響力減弱，取而代之的是法制的強化。在這一過程中，晉國多有新法出現，如晉文公作「執秩之法」，後被修改為「趙宣子之法」；晉景公時依周禮制定了「范武子之法」，晉悼公時再改此法，後晉國執政正卿范宣子將刑法從之前的法律中獨立出來，單獨成《范宣子刑書》。至晉頃公時由趙簡子與荀寅將其鑄於鼎向社會公布。此舉將罪與非罪的標準明確公示，改變了法藏

第六節　禮樂制度的嬗變與山西

於密室的祕密之法形式,展現了社會的進步。但就周之禮制而言,則是一種變革。晉國法治思想及其在國家治理中的實踐對法家學派思想的形成產生了重要影響。

第五章　從華夏到中華

第七節
科學技術的進步與山西

　　華夏文明不斷發展進步，在周時發生了非常重要的演變，這不僅表現在地域、民族等諸多方面的融合統一，也表現在科技文化的不斷演進之中。

　　周時，科技得到了較快的發展，農業生產出現了新的進步，得到了快速發展。周人以農為業，農耕是他們的特長，他們在中國農業發展過程中貢獻頗巨。由於實行井田制，農業生產的制度優勢表現出來。精耕細作的傳統亦逐步形成，對後世產生了極為重要的影響，成為中國農耕文化的一大特點。在耕作方式上，這一時期的人們已經知道如何選擇優良品種來增加產量，知道根據氣候的變化來調整生產，出現了輪作復種制。在農業耕作技術方面，周時的生產工具發生了重要變化，除早期的陶製、石製工具外，出現了青銅農具。更重要的是出現了鐵製農具，並普及開來，如鐵犁、鐵鏵等已經得到了較大範圍的使用。牛耕也成為農業生產的重要方式。在山西渾源李峪村出土的牛尊中，牛鼻已有鼻環，說明牛已經成為重要的畜力在農業生產中使用。新的農業生產工具，特別是鐵器農具的使用及動物馴化後被用於農耕，使生產力大大提高，亦奠定了中國

第七節　科學技術的進步與山西

農業的基本生產方式。

　　這一時期，大規模的水利工程多有開展。由蜀郡守晉人李冰父子修築的四川都江堰工程舉世矚目。這一工程變水患為水利，為成都成為天府之國奠定了發展基礎，其治水理念、分水效應、工程技術，以及 2,000 多年來一直發揮著重要功能的成就令後人感嘆。李冰父子被認為「功配夏後」，就是說其治水之功可以與夏禹相配。此外，還有一些工程在歷史上具有重要影響，如晉陽智伯瑤修築的智伯渠、魏國大將西門豹修建的漳水十二渠、韓國水利工程師鄭國在秦修築的鄭國渠等等。有研究者認為，智伯渠是歷史上有壩引水灌溉最早的灌渠，它的修築比都江堰、鄭國渠都要早 200 多年，比漳水十二渠也要早半個多世紀至 230 多年。該渠位於今太原晉祠一帶。西元前 455 年左右，晉國卿智伯為攻克趙襄子占據的晉陽古城，在今太原懸甕山晉水源頭築壩斷晉水之流，並修渠挖池以蓄晉水，欲水淹晉陽城。雖然水淹晉陽未果，但其所修之渠仍在，成為灌溉附近農田的水利工程。這不僅對當時的社會治理、生產發展有十分重要的作用，亦對後世之引水修渠等工程建設產生了重要影響。

　　隨著農業生產技術的進步，天文曆法水準也在提高。山西一帶為堯舜禹之中心地區，有著非常堅實的天文學基礎，而農業的發展亦促進了天文學的發展。傳說商時，箕子曾受命在

第五章　從華夏到中華

山西陵川的棋子山上觀測天象。周時,晉國大夫卜偃,也就是郭偃,善於透過觀測天象來分析預判國家大事。分晉之後韓、趙、魏三國均有專職人員從事天文觀測與研究。在聞喜戰國墓中出土的瓠瓜壺上刻有星象圖。晉人已經知道利用置閏法來調整歲差,人們能夠熟練地使用干支紀日法來紀日。戰國時期,在魏國出現了一位極為重要的天文學家石申,他在西元前4世紀的時候就已經編制了石氏星表。該星表依據回歸年的長度把周天分為365.25度,即太陽每天在天穹中東移一度。這一研究成果開中國周天制之先河。石申還著有《天文》一書,共8卷,被後人稱為「石氏星經」。透過這部天文學著作,我們可以知道早在戰國時期,人們已經開始採用赤道座標來記述天體方位。

　　與此相應的是周時的宇宙觀也非常進步。世界是如何構成的,宇宙是怎樣的,一直是人類追求解決的重大問題,甚至是根本性問題,中國的科學家在這方面有很多研究成果。戰國時期,魏國有一位十分重要的哲學家、政治家屍子,名屍佼,是山西曲沃人,早年在魏,後隨商鞅入秦,為其門客。商鞅非常信任屍佼,「謀事畫計,立法理民,未嘗不與佼規之也」。商鞅被刑,屍佼逃往蜀國,作《屍子》20篇,其中最具影響的是其關於宇宙形態的研究。他提出了「天地四方曰宇,往古來今曰宙」的觀點,為宇宙命名,將時空屬性賦予宇宙。屍子的宇宙觀具有非常明確的主動性,將唯物辯證的思維方法運用於對宇宙

第七節　科學技術的進步與山西

的分析,認為宇宙是變動的、相對的、有限與無限統一的。這一思想在人類宇宙觀的建立中意義重大。尸子的思想解決了人類關於宇宙基本概念與規律的問題。另一位極為重要的哲學家兼通道法諸家的趙國人慎到對宇宙的形狀、運行規律有非常先進的研究。慎到著有《慎子》42篇,他認為「天體如彈丸,其勢斜倚」,天體的形狀如同彈丸,是渾圓的,它們在運行中呈現傾斜的狀態。這與現代天文學的研究結果是完全一致的。慎到在2,300多年前關於宇宙天體的論述,是人類宇宙觀的一次巨大飛躍。

與天文學緊密相關的是數學的發展進步。在周時,籌算已經非常成熟,在晉地亦得到了較為普遍的運用。周時周公旦主持規劃建造雒邑為成周都城,任用晉國大夫彌牟來具體設計。彌牟的任務是「計丈數,揣高卑,度厚薄」,也就是具體計算出都城建築配置的高度、長度、厚度等,用於施工。雒邑的建築不僅設計複雜,而且用物無數、用工數萬,材料、人力來源涉及多地,非常複雜。研究者認為,這樣的工程計算已非簡單的事情,代表了當時中國數學的最高水準。

周時建有宗周都城、成周都城,其規模均非尋常。各諸侯國亦修築國都,城市建設得到了極大的發展。在山西,已經發現的周時都城遺址如晉國新田古城,其規制亦很獨特。其宮城由三座古城呈「品」字形構成,並發現有宗廟與社稷,以及手工

第五章　從華夏到中華

業作坊區、貴族與平民不同的墓葬區等。與之相鄰的禹王城，為魏國都城，由大城、中城、小城與禹王廟組成。這些都反映了周時城市建築方面的特點。就建築而言，長城亦為極其重要的遺存，趙長城為中國最早的長城建築，韓、魏兩國亦多有修建。

　　隨著鑄銅技術的進步，山西的青銅鑄造技術獨領風騷。在今侯馬發現的周時大型鑄銅遺址，是為至今發現的最大鑄銅遺址，仍然保留有比較完整的鑄造工藝流程與可使用的成套模範。在曲沃戰國車馬坑中，發現了規模化、標準化鑄造的車具，顯示當時的鑄造技術已非常先進。與此同時，考古發掘中鐵器工具的出現，證明山西的鑄鐵技術也很發達，且其他的手工業技術如漆器、釀造技術等都得到了發展。總之，有周一代約 800 年，其科學技術得到了快速發展，極大地提高了社會生產力水準，這其中山西的貢獻亦很傑出。

第八節
文化的興盛與山西

　　周時也是中華文化發展進步的爆發期、飛躍期，集中出現了許多前所未有的文化現象、文化典籍，使中華文化的基本形態以典籍的形式確定下來。這首先要從文字的進步談起。

　　中國文字的形成與中華地域之文化演進密不可分，一般人們認為中國的文字在商時成熟，最具實證意義的是考古發現的殷商甲骨文。這些晚近才被發現的古代文字遺存至今還沒有得到全部的破解，一個非常重要的原因就是數量太大，需要相當長的時間才能解讀出來。但大致來看，在殷商時期，中國文字已經達到了非常成熟的形態，並被人們在社會生活中運用。但是，人們對中國文字的形成發展也有很多研究，基本認為並不是只有到了殷商時期才突然出現了如此成熟的文字，不論是哪一種文字，均有一個演化成熟的過程，不可能突然之間就如此成熟。在甲骨文之前，中國文字應該有一個逐步發展演化的歷史。隨著考古研究的不斷深入，人們發現了許多具有文字特徵的遺存，可以證明中國文字在不斷的實踐中得到了發展。比較重要的如在距今大約9,000年的河南舞陽賈湖遺址中發現的龜甲上的刻劃符號已經具備了今天漢字的橫、豎、點、撇、捺等

第五章　從華夏到中華

筆畫特點，一些字元與安陽出土的殷商甲骨文字形一致。這至少可以視為中國文字初期階段的形態。在西安半坡遺址、山東大汶口遺址中也發現了許多相近的字元。特別是在杭州良渚遺址中，發現了許多類似的字元，其中的相當一部分已被專家解讀出來，證明是中國文字最早的形態之一種。比較成熟的文字是在陶寺遺址中發現的扁壺上的朱書文字，一般認為是「文」與「堯」兩個組成了語序的文字。經過夏商周三朝的努力，中國文字得到進一步發展，其應用也更為廣泛。正是由於文字的進步及使用技術的變化，周時出現了大規模編撰文化典籍的現象。其中的許多著作堪為典範，對中華文化之發展產生了非常深刻的影響。

相對於夏商，周之教育更具系統性、理論性、計劃性，當時的學校稱為「序」，亦有承商而稱之為「庠」者。這些學校設在官府，用今天的話來說就是官辦或公辦學校，所謂「學在官府」。學習的內容主要包括禮、樂、射、御、書、數六藝。這使文化的傳承有了更為穩定系統的國家制度保證，亦使國家有了更多從事文化事務的人員。單純就文字而言，其使用比之前更為廣泛。今天能夠看到的比較典型的文字是刻在青銅器皿上的，人們稱其為「金文」，亦稱「鐘鼎文」、「籀文」，著名的如「毛公鼎」、「大盂鼎」、「散氏盤」之銘文。此外還有刻在玉石上的文字，如侯馬盟書。亦有帛書，是寫在絲帛上的文字，如發

第八節　文化的興盛與山西

現於長沙子彈庫楚墓的楚帛書。還有是簡書，就是書寫在竹木簡上的文字。僅在長沙就發現了數處竹簡遺存。這些不同的文字記載方式反映出在周時，特別是春秋之後，書寫工具的豐富性、文字使用的普遍性，以及在不同地區各自有別的發展狀況。

　　山西地區的青銅鑄造業一直非常發達，這與山西地區銅礦礦藏豐富，有資源之便有關，如晉南之中條山銅礦一直以來就是中原地區最重要的青銅原料產地。同時，也與山西一直是夏商周之政治經濟重地有關。青銅器的使用並不是以實用為主，而是以禮樂為主。晉為大夏之地望、商周之源頭、周室之屏護，對禮樂制度更為重視。在青銅器上鑴刻銘文，以記載重大歷史事件，讚頌王室或貴族等在晉地非常流行。著名的如「晉侯穌鐘」銘文，就頌揚了晉侯輔佐周王征伐的歷史，計有355字，是目前發現的文字最多的青銅銘文。〈欒書缶〉為青銅酒器上的銘文，有兩組48字，其字形裝飾意味突出，採用錯金銘文，是將晉國手書體與楚國風格極為相似的書體進行了正體化後書寫形成的字形。由此亦可看出，不同地域之字形有別，但仍然顯現出趨同綜合的態勢，亦可發現晉系銘文在自身特點基礎上不斷創新的追求。

　　周時盟書也是中國文字形態極為重要的物證。河南曾出土了溫縣盟書，溫縣為當時晉國所轄之地。而山西侯馬出土的侯馬盟書影響更為深遠。研究者認為，溫縣盟書應該是春秋末期

第五章　從華夏到中華

晉國世卿韓氏宗主韓簡子主持的盟誓活動的記載，大約在西元前5世紀末。而侯馬盟書則是基本同期的晉國世卿趙簡子趙鞅主持的盟誓活動的記載。透過盟書可以了解到春秋晚期的盟誓制度以及當時的歷史狀況，更重要的是了解到中國文字的發展軌跡。盟書由多人硃筆書寫在玉石片上，其字形古雅、用筆流暢、章法自然，反映了秦統一之前的文字風格，是至今發現的書寫於玉石之上最早的毛筆字。

從上面的介紹中可以看出，周時中國文字得到普遍發展，但在不同地域顯現出不同的特點，或筆畫有別，或風格有異，但總體來說文字的運用甚於之前，這為秦統一中國文字奠定了厚實的基礎。同時，也正因為文字自身的發展及運用的普及，促進了周之文化與藝術的飛躍。

周時，繪畫雕刻藝術得到了普遍發展，最主要的特徵是它們對手工製品的依附，大部分作品都是刻劃在手工製品之上的，如漆畫、帛畫，以及玉雕、青銅雕刻等。由於時間的關係，今天我們已經不太可能看到更多的相關作品，但仍然有少數作品在考古中被發現。如楚帛書，除了大約900個文字外，在其四周還繪有12幅影像，所繪為12位神靈，人獸合體，或坐或臥，或行或躍，栩栩如生，四角還配有植物枝葉圖案，繁枝搖曳，婆娑有致，其內容包括四時、天象、創世等，總體上樸拙天真，是極具想像力的浪漫主義傑作。

第八節　文化的興盛與山西

　　今天我們能夠看到的屬於周時的藝術作品，最集中也最典型的是青銅器之雕刻。商周為青銅器最鼎盛的時期，但商周兩朝的青銅器也有許多區別，特別是在其裝飾、雕刻、造型等方面多有不同。殷商青銅器主要是王權與等級的象徵，且商人多信鬼神，其造型往往多用獸，恐怖神祕。至周，更多地用人來代替獸，動物圖案亦表現出靈動跳躍之態，裝飾圖案從抽象向具體轉變，工藝更加精緻，實用器具逐步增加。從藝術的角度來看，晉系青銅器影響廣泛，特別是東周時期，晉系青銅器無論從鑄造工藝，還是器型設計、藝術風格，均堪稱典範。其最突出的特點是各類神話動物一改殷商時期的神祕，顯現出有血有肉的生氣，尤以群龍群鳳飛騰翱翔、糾結環繞為其典型的藝術造型。多體式饕餮吞噬造型為晉系青銅器獨有。被稱為鳥獸尊的動物紋形銅尊多為晉制，其人物造型亦栩栩如生，如刖人守囿車，人物形象極其生動，動物造型極具想像力，更重要的是其整體造型與機械設計具有極為高超的技術水準。凡此種種，均證明晉地青銅製造技藝的發達，是中國青銅器的典型代表。在侯馬發現的晉國青銅鑄造遺址向我們展示了春秋時期中國青銅鑄造工藝的基本面貌，其中有當時青銅鑄造使用的住址、窖穴、水井、道路、陶窯、熔爐等，僅陶範就有5萬多件，可辨認者達1,000餘件，能夠組合配套復原的至少有100多套。

　　周時的藝術創作還有許多用於禮樂的音樂舞蹈作品，王朝

第五章　從華夏到中華

設有大司樂，專掌音樂教育。《周禮》中明確規定：「以樂德教國子中、和、祗、庸、孝、友，以樂語教國子興、道、諷、誦、言、語，以樂舞教國子舞〈雲門〉、〈大卷〉、〈大咸〉、〈大韶〉、〈大夏〉、〈大濩〉、〈大武〉。」其中所言之〈雲門〉、〈大卷〉是黃帝之舞，〈大咸〉是唐堯之舞，〈大韶〉是虞舜之舞，〈大夏〉是夏禹之舞，〈大濩〉是商湯之舞，〈大武〉是周武王之舞，均為周時所存歷代流傳而來的舞樂。從以上的介紹來看，這些樂舞的形成，與山西之關係極大。

至少在周時，音樂、舞蹈與詩歌往往是一體的，所謂歌而詠、詠而舞，這也使音樂、舞蹈、詩歌得到了極其生動的發展。雖然今天已經難以一睹當時樂舞的風采，但還存有《詩經》等著作記錄了周時的詩歌。除《詩經》之外，楚之屈原《離騷》、《天問》、《九歌》等成為「騷體」之詩的代表作，湧現出宋玉等著名的詩人。而與山西有關的是《詩經》。

《詩經》是中國第一部詩歌總集，包括〈風〉、〈雅〉、〈頌〉三部分，對後世產生了極為重大的影響。〈風〉是當時各諸侯國流傳的民間詩歌；〈雅〉是在宮廷中演出的詩歌，所謂正樂；〈頌〉是對周王室以及周朝歷史進行讚頌的詩歌。就其歷史學價值而言，〈雅〉、〈頌〉多有記載。就其對社會生活的反映而言，三者各有側重。其中〈風〉更重民間情狀，〈雅〉、〈頌〉多宮廷大事。但就其藝術的生動、情感的鮮活來看，尤以十五國風為最。而

第八節　文化的興盛與山西

這其中的〈唐風〉、〈魏風〉均為三晉地區的作品。這些作品來自民間，典型地展現了中國古典詩歌賦、比、興手法的運用，其內容多表現唐魏之自然風光、生產生活、男女情愛，以及普通民眾對社會不公的揭示、對美好生活的嚮往，是古典詩歌的經典之作。

社會管理體系的進一步完善，生產力的進一步發展，使周之政治、經濟、文化得到了較大進步。從上面的介紹中可以看到，這一時期，人們的書寫工具得到發展，不僅可以在青銅器、竹木簡、玉石上面鑄造、雕刻，也可以用毛筆在玉石、竹木簡與絲帛上書寫。工具的改善使文字記錄比過去更為便捷、更為普遍，書寫的內容更為豐富，這大大促進了文化的發展，使得出現了非常多的文化典籍。這與商時的甲骨文、金文相比，有了很大的不同。

與書寫工具的發展相應，關於文字詞語的研究著作也在這一時期出現。成書於戰國期間的《爾雅》就是一部非常獨特非常重要的辭書典籍。這部著作彙總解釋了先秦古籍中許多詞、義，收集了4,300多個詞條，共20篇，存19篇，是中國最早的一部辭書。其按義分類的體例與多種釋詞的方法，對後世產生了重要影響。

這一時期出現了許多關於國家治理的工具性典籍，反映了周時國家治理的基本狀況，其中最具影響的是《周禮》。一般來

第五章　從華夏到中華

說，人們認為《周禮》是西周時期周公旦所撰。但也有人認為這是戰國時期的著作。《周禮》記錄了周之政治制度、設官分職、禮樂規範等，也包含了文化、藝術、教育、經濟、軍事、科技等內容，系統性地顯現出周時的政治思想體系與社會管理體系，以及周時制度建設的完備形態。

另一部極為重要的著作是《禮記》，據傳為孔子的七十二弟子及其學生所作，其內容涉及周時社會制度與社會生活的各方面，內容龐雜，據記載共有 200 餘篇。東漢時，由戴德編選，收 85 篇，被稱為「大戴禮記」。後其姪戴聖編選 49 篇，人稱「小戴禮記」，通行於世。現在能看到的主要是戴聖所編之《禮記》。

周時有關禮樂制度的另一部重要著作是《儀禮》。其作者有傳說是周公旦，但《史記》、《漢書》則認為是孔子記錄整理。大約此書形成於東周時期。但其中所記各種禮儀形式在很早就已經出現了，包括冠、婚、喪、祭、鄉、射、朝、娉等，是一部詳細的周之禮儀制度章程，共有 17 篇。

以上三部著作雖然出現在周之不同時期，但其核心都是禮。可以說，這幾部著作反映了周之禮制，是其禮樂制度的基本規範，對後世影響非常大。周時另一個十分重要的文化貢獻是中國史傳傳統的確立。這一時期是人類歷史上最早最為集中地湧現出歷史學著作的時期，出現了許多十分重要的歷史著作，如《尚書》、《春秋》、《左傳》、《國語》、《戰國策》等。這

第八節　文化的興盛與山西

一批史學著作是中國歷史上最早系統性記錄某一時期歷史的專著，為後人了解中華歷史之沿革奠定了基礎，對中華文化重史志之特色有開創與奠基作用。今天我們還能夠知道遠古時期先人的行跡，這些著作功不可沒。

傳為孔子所編的《尚書》是中國古代第一部上古歷史檔案與追述古代事蹟著作的彙編，也是現存最早的古代典籍之一。自漢以來，《尚書》一直被視為是古代政治哲學經典，產生了重要影響。《尚書》的流傳情況十分複雜。今人在清華簡中發現了2,000多年前的《尚書》原文。儘管還沒有全部解讀，但仍為我們提供了了解《尚書》原初面貌的可能。其主要內容是選擇匯集了上古時期從堯舜至春秋秦穆公時期的各種重要文獻100篇，具體分為《虞書》、《夏書》、《商書》、《周書》，很多與山西有關。《尚書》的第一篇即為〈堯典〉。此外還有〈大禹謨〉、〈皋陶謨〉、〈禹貢〉等。在清華簡中還發現了《傅說之命》，可見其內容與山西關係極大。

周時另一部極為重要的史學著作是《春秋》。其最初的作者現已難考，傳說是魯國的史官把當時各諸侯國的重大事項按照年、季、月、日記錄下來，因為一年可分為春、夏、秋、冬四季，所以稱此書為「春秋」。後來孔子對《春秋》進行了修訂，使其成為儒家經典之一。大致來看，《春秋》記錄了魯隱西元年（西元前722年）至魯哀公十四年（西元前481年），共242年之間的

第五章　從華夏到中華

大事件。這一時期也就是後來人們所說的東周春秋時代。這部極為重要的歷史著作雖然是以魯國為主，但涉及周王室與春秋時期各諸侯國，其內容亦多與晉國有關。這主要是因為當時晉國在各諸侯國中的地位極為關鍵，不僅受周王室看重，且其經濟社會發展較快、實力較強，是春秋五霸之一。春秋時期一個極為重要的現象就是晉楚爭霸及晉所主持的諸侯會盟。晉國也是各諸侯國中改革新變周制最早、最突出的，這在《春秋》中都有記載。同時，春秋時期的完結一般以晉國為韓、趙、魏所分為代表，亦由此拉開了戰國時代的大幕。韓、趙、魏三世卿之間，以及他們與其他士卿之間，與晉公室之間的關係亦是春秋時期非常重要的內容。

　　周時另一部重要的歷史著作是春秋末期的魯國史官左丘明所著的《左傳》。這部著作以《春秋》為本而更詳備具體，以春秋時期諸多具體的史實來說明《春秋》的綱目，以魯國十二公的順序來記錄當時各方面的歷史，包括周王室的衰微、各諸侯國之間的關係，以及他們爭霸奪地的歷史，也記錄了當時的典章制度、天文地理、曆法時令、道德觀念等。其中自然也有對魯國與晉國之間的關係、晉國在當時的有關情況的紀錄。《左傳》代表了先秦史學的最高成就，其敘事完備的編年體體例對之後確立編年體史書的地位產生了巨大影響。《左傳》是一部由個人獨立撰寫的歷史學著作，顯現出周時學者非凡的創造力及對歷史

第八節 文化的興盛與山西

的掌握高度。《左傳》也是在歷史著作中展現出鮮明社會理想與哲學思想的著作,對中國史學特色的形成產生了重要影響。

《左傳》也具有極為鮮明的文學特色,是一部非常優秀的歷史散文著作。人們認為這部著作是繼《尚書》、《春秋》之後,開《史記》、《漢書》之先河的經典之作。它亦被稱為「春秋左傳」,與《春秋穀梁傳》、《春秋公羊傳》並稱。

相傳周時由左丘明所撰的另一部非常重要的歷史著作是《國語》。該書所記歷史從周穆王十二年即西元前990年起,至晉卿智伯為韓趙所滅,就是西元前453年,約500年間的歷史。其體例以國分類,是中國最早的一部國別史史書。《國語》共記錄了周、魯、齊、晉、鄭、楚、吳、越八國之事,所記偏重歷史人物的言論,多為各國重要人物所言之語。全書計21卷,其中〈周語〉3卷,〈魯語〉、〈楚語〉、〈越語〉各2卷,〈齊語〉、〈鄭語〉、〈吳語〉各1卷,獨〈晉語〉有9卷,所以也有人把《國語》稱為「晉語」。

還有一部歷史學著作《戰國策》也非常重要。這部著作的基本資料肯定為周時之人所作,但也並不是一人所作,而是多人作品的彙集修編。在秦統一六國之後,由劉向整理,刪去了其中明顯荒誕的內容,按照國別來編排確定體例。所收主要為戰國時期縱橫家的政治主張與治國兼併之策,是為《戰國策》,也被稱為「國策」。其記錄的時間為晉卿智伯滅晉卿范氏,也就是

第五章　從華夏到中華

西元前 490 年，至高漸離以築擊秦始皇，即西元前 221 年。大致上接續了春秋，延續至秦統一六國。其體例亦以國為別，計有西周、東周、秦、齊、楚、趙、魏、韓、燕、宋、衛、中山共 12 部分。其所記並不注重完整的歷史脈絡，而是摘取其中一事為一篇，各篇互不連貫，共計 33 卷 497 篇。其中與晉有關的趙策 4 卷、魏策 4 卷、韓策 3 卷，共 11 卷，占全書的三分之一。《戰國策》具有非常突出的文學性，人物性格生動，語言鮮活，比喻、說理、論事非常有力，也是不可多得的歷史散文著作。

　　從上面的介紹中可以看到，周時出現了一個非常重要的文化興盛期，典籍著撰成果頗豐，且影響重大，在塑造中華文化精神、增強文化認同過程中居功至偉。這其中多有對山西的描述，有些典籍甚至以山西地區的史事為主。

第九節
軸心時代的形成與山西

　　周時經濟社會的發展、文化的昌盛表現在各個方面。時人對宇宙自然與社會人生的探討亦顯現出空前的活躍，在宇宙觀、世界觀、人生觀，以及觀察世界、認知社會的方法論等諸多方面收穫頗豐，取得了十分重要的成果。這一時期，賢傑輩出，百花齊放，是一個精神世界活躍、思想活力綻放、各種觀點並存，百家爭鳴、各美其美的時代。德國哲學家雅斯培（Karl Jaspers）在其《歷史的起源與目標》（vom Ursprung und Ziel der Geschichte）一書中從人類發展的整體過程中分析，第一次把西元前500年前後同時出現在中國、歐洲、印度等地的人類文化現象之突破稱為「軸心時代」。他認為在西元前800年至西元前200年，世界各地均出現了一批先賢，如古希臘的蘇格拉底、以色列的先知、古印度的釋迦牟尼以及古代中國的孔子等。他們在不同的文化背景中創立了各自的思想體系，並提出了諸多理論範疇與思想原則，塑造了不同的文化傳統，一直影響著今天人們的思想、生活。軸心時代是一個人類跨越突破的偉大時代，也是一個重新建構、確立人的精神世界的時代。這一時期，中國出現了諸子爭鳴、百家共存的非凡現象，在中國古典

第五章　從華夏到中華

哲學、思想體系等諸多方面均出現了許多十分重要的人物與成果。

首先我們要提到的是在中國歷史上產生深刻影響的重要著作《易經》。這是一部闡述天地萬物變化的古代經典,是中國思想體系、方法論形成的基礎性著作,也是一部博大精深的辯證法哲學典籍,更是諸經之首、大道之源,是中華優秀傳統文化的總綱。《易經》包括《連山易》、《歸藏易》、《周易》三部。但前兩部已佚,只有《周易》今存。今天我們所說的《周易》又有《經》與《傳》兩部分。其中的《經》主要是卦爻及其說明,據說是周文王所作。其中的《傳》是對這些卦辭與爻辭的解釋論述,共10篇,被統稱為「十翼」,傳為孔子所著。《易經》是中華文化集大成的奠基性著作,之後各學術流派多源出於此。影響深遠的道家在方法論、宇宙觀、世界觀等方面均承其緒。而儒家也奉《易經》為儒門聖典,有「儒門易」之說。

道家是中國古代思想文化中極具重要性的流派。在春秋時期,老子集古聖先賢之智慧,系統性地總結了他們的思想精華,著《老子》,亦稱「道德經」。這代表著道家思想體系的確立,其思想以道為基本概念來解釋宇宙自然、人類萬物的運行與存在,崇尚自然,道法自然,不爭無為,辯證統一。道家代表人物主要有老子、莊子、列子及楊朱等。人們認為老子之思想與黃帝之思想一脈相承,常以「黃老」並稱來指道家。堯、舜

第九節 軸心時代的形成與山西

均在其治國理政思想中表現出明顯的以德服人、順應自然、不治而治的特點。《擊壤歌》中寫有「日出而作，日入而息。鑿井而飲，耕田而食。帝利與我何有哉」，前四句描繪的是當時人們按照自然運行規律進行生產生活的狀態，最後一句是民眾對帝堯的感慨讚嘆，大概意思是偉大的堯帝對我們用不著費什麼力來治理，我們就會順應自然生活休養。也就是說帝堯把社會治理得很好，一切順應自然運行規則，所以他用不著勞神費力地管理事務。這其中典型地表現出道家的基本思想。在三晉地區也出現了被視為道家的重要人物，其中的楊朱影響很大。楊朱，魏國人，又名楊生、陽子居，其作不詳，散見於各典籍，主要觀點是貴己、為我、輕物重生，是中國最早主張個人主義的學術思想，產生了重要影響，形成道家學派之一的楊朱學派。前面介紹的屍佼亦被視為道家之士，但他並不是單一的道家，還表現出明顯的雜家等思想。又如慎到，早年學習黃老道德之術，後來成為法家的重要代表人物之一。

在中國歷史上產生極為重要影響的是儒家，這一學派對中國社會的發展、精神特色的塑造、文化學術的影響極為深刻，其創始人是孔子。孔子生活在春秋列國爭霸、周室衰微的時代，他感時憂世、講學著述，希望能拯救國運，重建社會秩序。儒家學說的核心價值是仁，強調個人修養與國家治理的禮、德、誠、信等。在教育方面，孔子首先打破了學在官府的

第五章　從華夏到中華

傳統形態，舉辦私人學堂，讓普通民眾也有機會讀書學藝，使文化教育能夠普及全體民眾，特別是使儒家思想內化為普遍的民族心理基礎。他還花費大量精力來整理典籍，對中華文化的傳承保護做出了重大貢獻。在思想領域，孔子儒學思想基礎最突出的是「祖述堯舜，憲章文武」，非常重視傳承堯舜的思想，並以周文王、周武王之時代為治國的理想模式。孔子最具影響的著作是《論語》。孔子的學生卜子夏亦對儒學的發展貢獻頗大。子夏，姓卜，名商，字子夏，晉國溫人，為「孔門十哲」之一。孔子去世後，子夏受魏文侯之邀至西河講學。當時在魯國，興盛的是「儒墨之學」，基本上屬於民間學派；在魏國有「西河之學」，被認為是官方學派。在齊國則有「稷下學派」，介於兩者之間。這是戰國時期最重要的三大學派。而「西河之學」的創始人就是子夏。據說他的學生很多，做官最大的是魏文侯，以魏之國君求學於子夏，支持子夏在西河講學。此外還有段干木、李悝、吳起等，學用兩通，都是當時的重要人物。子夏繼承了孔子的學說，但強調經世致用，不能為學而學，要透過自己的學習來影響改造社會，提出了「仕而優則學，學而優則仕」的觀點，對後世影響極大。子夏肇始的「西河之學」，以儒為道、以法為術，培養出一批法家的重要人物如李悝等，顯現出晉地學風學用統一、別具一格的特點。儒家另一位代表性人物荀子在繼承儒家思想的同時兼收道、法、名諸家精華，成為戰國時期彙集各家思想的重要人物。荀子為趙國人，名況，字

第九節　軸心時代的形成與山西

卿，曾三次出任齊國稷下學宮的祭酒，可以說是稷下之學的重要代表，著有《荀子》32篇。其說以孔子之論為基礎，形成了「天人之分」的自然觀、「化性起偽」的道德觀、「禮儀之治」的社會歷史觀，「性惡論」的人性觀，以及「以禮為則」、「以仁為用」的方法論與「天下一統」的社會理想。

正是在諸如子夏、荀子等人的努力下，另一種適應於戰國時期社會發展需求的思想學派法家出現了。法家的形成與春秋戰國時期禮樂崩壞，人們尋求新的社會治理秩序的努力有非常緊密的關係。在禮治式微的同時，法治受到了人們的重視。早期尋求變革的一些代表人物主要是子夏的學生，他們不僅在學業上精進，且多在各地為官，能夠把學習的收穫運用到實踐之中。如李悝、吳起、段干木、田子方、申不害、慎到、翟璜、西門豹、公叔痤等，皆為法家之顯要。儘管他們在歷史上產生了重要影響，但還少從理論上進行總結。荀子應該是由儒入法的代表性人物，但總體來看仍然屬於儒家。真正對法家思想進行系統性總結的是韓國公子韓非。韓非與李斯同學於荀子之帝王之術，喜刑名法術之學，宗道家、法家，著有《韓非子》55篇，提出統治者需用法、術、勢來治理國家，主張改革變法，強調「以法為教」、「法不阿貴」，提出加強中央集權等理論，反映了新興社會階層的利益需求，為結束諸侯割據、建立大一統的中央集權國家提供了理論基礎。

第五章　從華夏到中華

春秋戰國，思想解放，百家爭鳴。所謂百家，還有墨家、兵家、名家、縱橫家、農家、雜家、小說家等等。凡此各家，多有三晉才俊、賢傑人士出入往來，影響頗大。大約有三種情況：一種是本為晉人，或三晉之人，他們也可能但不一定一直在晉地，如子夏、荀子、韓非子、尸子及魏文侯等；一種是雖非晉人，但受學於晉人，如子夏的學生，再如李斯，曾受學於荀子等；第三種是雖然不是晉地之人，但曾在晉或三晉做事，如商鞅，本為衛公子，先入魏，後入秦，其變法被認為是用魏法變秦法，其新法多用魏法。

在諸子百家中，縱橫家合縱連橫，兼六國相，可謂非凡。《史記》有「三晉多權變之士，夫言從衡強秦者大抵皆三晉之人也」之說。縱橫家最主要的代表人物或為晉人，或與晉關係密切，其創始人為鬼谷子，名王詡，是一位百科全書式的人物，有《鬼谷子》等存世。傳說他曾在呂梁山一帶講學，學生中最重要的有張儀、蘇秦、孫臏、龐涓。縱橫家中如公孫衍，魏國人；張儀，魏國人；蘇秦，雖為東周雒邑之人，但曾遊趙、韓、魏三國。與縱橫家關係密切的是兵家，其代表人物如樂羊，中山國人，曾為魏國大將；尉繚，魏國人，著有《尉繚子》；吳起，衛國人，就學於子夏，曾遊魏國，後入楚，著有《吳子》，他與另一位兵家代表人物孫臏齊名。孫臏，衛公子惠孫之後，曾遊魏國，被同窗龐涓陷害，後在齊國做官，著有《孫子》。以上二

第九節　軸心時代的形成與山西

作被合稱「孫吳兵法」，是中國古代軍事典籍中最具影響力的著作。百家之中的名家影響也非常大，是中國古典邏輯思想的重要表現者，與歐洲、印度之邏輯學共同構成世界三大邏輯體系。名家主要代表人物亦多與三晉有關，甚至有人認為名辯之根在三晉。這主要是因為其出現與法家思想的興盛關係密切，人稱名家為「訟者」、「辯者」、「刑名家」等。其中的惠施，宋國人，曾為魏惠王之相，為魏國制定法律，其觀點圍繞「物之意」進行辯論。公孫龍，趙國人，以「正名實」辯「白馬非馬」等。桓團，又名韓檀，一說為趙國人，與公孫龍均為趙國平原君之門客。

由於諸子所學多從前賢，可能出於同門，其間他們的思想亦多有發展變化，不同時期側重點各異，所以很多人可能被視為多家學說的代表人物。如公孫龍，既為名家之代表人物，又被視為墨家之重要人物。而名家與法家亦多相近，或兩家均兼。這是當時諸子百家中存在的一個複雜現象。從上面的介紹中也可以看到，三晉學術有非常明顯的特點：一是強調學用結合，不強調為學而學；二是強調推陳出新，往往在傳統學術中發展出新的思想；三是強調博採眾長，其學術思想不一定遵循嚴格的界限，而是綜合多樣，包容異象，才顯現出勃勃生機。諸子百家的思想是適應特定歷史時期社會變革要求形成的文化成果，是人類的寶貴精神財富，奠定了中華文化的基本價值體系，規範並影響了中華文化的發展進步。

第五章　從華夏到中華

第十節
文明的演進與中華文明特色的確立

　　透過以上的分析，我們發現，華夏文明在周時發生了極為重要的轉化，概而言之，有以下幾個方面。

　　一是周所控制統領的地域發生了變化。與前所述之夏商不同，其地域已經覆蓋了以中原為主體的絕大部分農耕地區，並與高原、沙漠、草原、綠洲等地帶發生了比較緊密的連繫，其地域覆蓋幾乎與之後的中國地域接近。周之始祖為后稷，周是長於農耕之族，其所控制的地域也主要是宜耕地帶。這使中華民族以農耕為主的生產方式得到了確立，並由此形成了自己獨特的文化。

　　二是這些地區的社會治理方式也發生了極為重要的變化，這就是透過分封建立了周王室與各諸侯之間新的行政權力關係。這種關係不再是以文化影響為主的協和關係，而是以分封為主的政治關係。周王室可以依照自己的意願對不同的地域進行分封，使其成為諸侯國，亦可根據需求廢除其分封。諸侯國在具體的國家治理方面有一定的獨立性，但最根本的是要對周王室負責。其權力關係發生了改變，王室的控制力由協和式的弱控制向分封式的強控制轉化。

第十節　文明的演進與中華文明特色的確立

　　三是人民的構成發生了極為重要的變化，華夏族群成為主體族群，融合了各地之夷、狄、戎、蠻，使之同化為華夏。這種同化融合成為中華民族不斷發展壯大的中華模式，伴隨著中華民族的發展進步。更重要的是，其文化也發生了變化，由華夏族群創造的以農耕為主的文化成為主體文化，具有正統地位，而其他族群的文化在融入華夏之後，為華夏文化提供了新鮮血液，煥發出新的活力。

　　更主要的是，在周時，中華之基本價值體系以文字的形式得到確立。一種價值體系的形成確立有一個逐漸演化的過程，應該說，在周之前，其文化特徵已經在不斷的實踐中形成，但還不夠完備，亦主要表現在人的行為方面還沒有形成制度性的文字規範。在周時，這種形態發生了根本性變化。這種變化一是進一步完備，二是成為文字性形態，使之更為明確，更便於傳播、實施、繼承。這是一個具有根本性意義的變化。

　　這一時期，華夏不再是局限於華夏地區的華夏，而是擁有了更為廣闊的地域、更加眾多的人民，已經從地域與族群構成上大大突破了的華夏。但是，這種突破並不是對華夏的否定，反而是在更高層面的肯定，形成了一個既保留華夏基本文化體系，又超越華夏的更具生命力與創造活力的文化形態。這一極為重要的演進，形成了以華夏文明為主體的，相容其他文化，並融為一體的中華文明，具有極為重要的歷史意義與文化意義。

第五章　從華夏到中華

在討論了華夏文明向中華文明的演進之後，也需要討論一下以華夏文明為主體的中華文明有什麼樣的特色，其主要特點是什麼。

探討這個問題，我們需要了解到，一種文明的形成絕不是一蹴而就的，是經過了漫長歷程的。人們在不斷的實踐探索中逐步深化了對自身與自然規律的認知，形成了自己的價值體系。比如關於宇宙自然與人的基本規律，以及它們之間的關係，中華文明中最重要的認知成果是《易經》。據傳說，伏羲氏推八卦，周文王演《周易》，孔子及其弟子著《易傳》，才形成了流傳至今的《易經》。就《易經》而言，儘管在不同的時期已經有了階段性成果，但其最終成果是在經歷了七八千年的時間之後才完成的。由此一端即可見，中華文明的形成是中華民族在漫長的歷史中不斷實踐、不斷完善的結晶，特別是經過炎黃族群的融合、堯舜禹三代的努力，經夏商而至周時才終於蔚為大觀。周時，以華夏族群為主體的中華民族活動的地域更為廣大，族群的融合更為普遍，形成的制度更為完善，文化之價值體系基本確立，其最主要的特色可以大致歸結為以下幾個方面。

首先，中華文明是一種以道為基點、以人為本位的文明。以道為基點，就是說思考一切問題，要從道出發。什麼是道？道就是宇宙萬物按照自身要求形成與運行的法則。正是這種法則決定了宇宙的形成、萬物的存在，包括人的形成及其存

第十節　文明的演進與中華文明特色的確立

在。這些現象均不是某種超自然的神祕力量決定的，而是按照它們自身的要求作用的。具體而言，各種物質以自己的方式存在運動，並協調和合，形成了一個被稱為宇宙的統一體。在這種存在與運動中產生了相應的效應，又對自身與其他存在產生影響。如水氣升騰聚集，是一種自運動，但在一定的條件下就會下雨，而下雨又對大氣產生影響，對地球上人的生活產生影響。形成這樣的運動狀態，是按照水氣的規律進行的，並不是由於某種超越水氣的外在力量決定的。這種存在運動的法則、規律、必然性就是道。道並不會被宇宙規定，也不會被超越宇宙的更高級的力量決定，比如不會被神決定。道是一種自在的存在，就是說，道是自己存在的，有宇宙萬物，就會有宇宙萬物存在的道。道既不創造世界，也不創造自己，更不決定什麼。道是展現了宇宙自然存在運行的自然而然的現象。它看不見，也摸不到，但宇宙萬物卻在自己的運行中展現了道。

所謂天道，就是宇宙自然存在運行的規律性法則的展現。所謂人道，是人類存在運動的規律性展現。但是，人並不是獨立的、絕對的，而是宇宙萬物之一種，所以人也必須遵循天道，才能展現人道。比如，大自然有四季之轉換，這是天道。神農氏嘗百草是在尋找可供人食用的植物，以滿足人需要進食才能生存的人道。同時，神農氏不斷研究實踐，以尋找適宜耕種某種植物的時機、方法，這是中華先祖探求人道適應於天道

第五章　從華夏到中華

的努力。堯建觀象臺,命羲和氏往四方觀天象,也是如此,因為人也要根據四季轉換來安排自己的行為,如果不是這樣,就違背了天道,會受到天的懲罰。所以中華文明展現出來的是在思考問題、解決問題時,首先要從道出發。但是從道出發並不是為道而道,而是要使人能夠更好地遵循天道、展現人道,按照道所展現出來的規律性決定人的行為。人是這一切的目的、根本,這就是人道。所以,中華文明既不割裂天道與人道的關係,又肯定其間的差異,強調解決問題的出發點與目的性,使兩者極佳地統一。

其次,中華文明是一種強調事物之間相互連繫作用的充滿辯證智慧的文明。任何一種事物都不是簡單孤立地存在,而是相互連繫、相互作用、相互轉化的。人的思維方式已不再是簡單的單向思維,而是具有整體性、綜合性、系統性的思維,是一種關於天、地、人、物相互關聯的有機綜合形態。這種在事物的相互連繫作用中觀察思考問題的方法是展現事物存在的整體性、連繫性的更高級的方法,它看到了事物相互連繫作用之後產生的變化,以及人所應該採取的應對之策。

再次,中華文明是一種洋溢著開放特色與包容精神的文明,它不排斥其他文化,能夠以正常的、客觀的心態來對待異質文化,使其能夠相對平和地與自身文化接觸、融合。由於包容,它對其他文化不採取極端的態度,而是以一種尊重、審慎

第十節　文明的演進與中華文明特色的確立

的態度來容納其他文化。這使中華文明能夠接受吸納自己所沒有的文化因子，並轉化為自身發展進步的動力。這種特色與其文化的形成狀態有很大的關係。華夏族群本身就是炎帝部族、黃帝部族的大融合，在這樣的融合中，相互承認吸納，終於轉化為華夏族群及其文化。黃帝並沒有因為取代了炎帝之位就把其部族全部屠滅，而是與之極佳地融合起來。即使蚩尤進行了激烈的反抗，黃帝部族在戰爭中殺死了蚩尤，也沒有把他的部族全部殺掉，他們或留在原地，或遷移至南部地區，或被安排至東部地區開疆闢土、耕作生產，終於成為華夏部族的重要組成部分。代表著華夏文明形成的陶寺文化匯聚融合了包括紅山文化、良渚文化、北方河套地區文化等不同的文化因素。周克商，殷商遺民或被遷往周之舊地，或被安排至陳宋一帶，繼續其政教風俗，逐漸轉化認同了周之禮樂制度。正因為這種開放包容的特色，能夠不斷地汲取其他文化中於我有益的成分，使自身文化不斷地生成新變，從而使中華文明一直保持了創新、創造、轉化、發展的生命活力。

第四，中華文明是一種堅守中道不走極端的文明。「中」這個概念在中華文化中具有非常特殊的意義，並不僅僅表現在度量衡中所謂的中位。從其最原初的含義來看，「中」是通達天地之人的所在，也就是人要找到能夠溝通天地人的大地之點，這個點被人們稱為「地中」。地中一般在都城某一符合特定要求

第五章　從華夏到中華

的方位,如考古發現的最早的地中在堯都陶寺之觀象臺的觀測點。考古學家根據古籍之記載,如《周髀算經》中的描述,轉換成陶寺尺的長度,測算出當時的地中與陶寺觀象臺的觀測點是一致的。這一地中正是陶寺時期人們溝通天地人的大地中心。這樣的具有神聖意義的「中」預示了陶寺時期堯舜政權的合理性、正統性。亦因此,中華文化中把「中」視為非常重要神聖的範疇、概念。在處理各種問題,特別是舉辦國家大事時,要考慮相關事物的各方面,找到能夠代表不同利益的結合點,這個結合點就是中。我們亦可以簡單地把「中」理解為宜,或者適宜、合適等。這種思想就是我們通常說的中庸之道。庸,用也。如果找到能夠代表各方利益的結合點,就展現了中庸的法則、規律、道。在中華文化中,此與彼、黑與白、是與非、對與錯都不是絕對的,而是視具體條件的變化決定的。在肯定與否定之間有事物轉化的過渡地帶。不走極端,固守中道,考慮不同處境、不同利益的訴求,才能夠更好地展現事物發展變化的主要趨勢,抓住最核心最本質的問題,帶動影響更多的方面。

第五,中華文明是一種極富想像力與重視內心體驗之審美理想的文明。人類審美實踐的前提是要創造出美——美的境界、美的生活與具備美感的藝術。而美的形成主要不是得到物質利益,而是一種符合價值需求的內心感受。中華文化尊重人的權利、利益,更強調人們心靈世界的滿足,而不是對物質利

第十節　文明的演進與中華文明特色的確立

益的獲取。這種滿足對自然不形成傷害，不需要向自然索取更多的資源，即這種滿足感是人的內心世界體驗到的，而不是在現實世界獲取的。如我們看到田野裡綠草如茵、莊稼茂盛，感到非常美，我們的內心進入了一種審美活動。這種美並不是在對自然的索取中形成的，不需要改變自然的歸屬，而是大自然自然而然地呈現出來的。正是這種對審美理想的追求，不自覺地促使人們把美的創造與美的滿足延伸至生活的各個領域——勞動、生產、日常生活、言行舉止、人際交往等等。飲食是最世俗的行為，但中華文化講究色、香、味、形俱全。飲水是滿足人生理需求的行為，但在中華文化中會延伸出曲水流觴的詩意情趣與茶道靜思的藝術境界等等。審美成為人們的社會理想，人們希望社會形態和諧協調、有序而充滿活力，強調協和萬邦、自然而然、無為而治。審美境界也成為人生境界的最高要求，如孔子曾感慨「吾與點也」。這是因為曾點所言之人生理想是在暮春時節與好友在沂水中沐浴，在舞雩臺上吹風，然後唱著歌回家。這種人生理想完全是藝術的、審美的，是拋除了實利功用的。

　　第六，中華文明是一種自強不息、厚德載物的文明。孔子在《易傳》的〈象傳〉中言「天行健，君子以自強不息。地勢坤，君子以厚德載物」，就是說宇宙自然的運行守道遵法，顯現出強勁有力不休不止的態勢，那麼，君子之人，也就是那些道德高尚有

第五章　從華夏到中華

擔當有使命追求的人，要自我奮發，不斷強大自己，並以此作為自己一生的追求；大地的存在與運行能夠涵養包容萬物，那麼，君子之人就要使自己的德性更加飽滿豐厚，以承載涵育萬事萬物，使之能夠受到道澤德潤。在中華文明形成的歷史過程中，有很多這樣的君子，如神農炎帝為了百姓能夠有充足的食物，親嘗百草，誤食有毒之物而亡；女媧為了百姓，化身精衛鳥仍堅持填海；大禹為了治水，三過家門而不入；愚公為了開通出山之路，祖祖輩輩挖山不止等等。周人在漫長的遷徙中，不斷尋找適宜自己的生存之地，在周原建立家園，臥薪嘗膽、自強於周，終於克商而變。這些神話傳說與歷史記載均極為鮮明地表現出中華民族自強不息、厚德載物的精神特色與文化特徵。

我們注意到，討論自強不息、厚德載物，有這樣幾個關鍵點：一是討論的前提是天、地、人之間的關係，並不是僅僅談人，三者的統一協調是中華文化思維方式的關鍵；二是強調自強，強調人自身的進取精神，而不是把希望寄託在其他事物如神的身上；三是自強不等於蠻力，而是包含了道之正、德之厚，守道有德才是真正的自強；四是自強的目的不是為了自身獲取利益，而是為了載物，要對自然存在之物，包括人與社會，承擔人所應負的責任；五是確立了君子的人格形態，以區別於沒有理想與社會責任的一般的人，使人的精神特色有了昇華的方向，從而激發出社會的活力、生命力。

第六章
山西地區的貢獻

第六章　山西地區的貢獻

第一節
華夏文明的軸根

前面從中華的視野簡要地梳理了山西地區的地理文化條件，以及在此基礎之上孕育形成的華夏文明，特別討論了華夏文明向中華文明的嬗變。這使我們對華夏文明的形成、中華文明的出現與山西的關係有了一個基本的了解。那麼，在中華文明的形成發展過程中，山西有什麼貢獻呢？下面就談談這個問題。

我們說，山西是華夏文明的軸根。什麼是軸根？一棵樹的生長要有根系，在眾多的根中必然有一個是最重要的，直接影響樹的生長與特色，這就是軸根。樹如果只有側根，就長不好，甚至長不成。從植物學的角度來看，軸根系植物有明顯的主根，軸根就是其中比較發達的粗而長的主根。由此來比喻討論文明發展的形態，我們就知道，華夏文明的形成過程中有很多根，其中有一些屬於主根，而在這些主根中，有一支顯現出強壯的活力，且延續時間比較長，這就是華夏文明的軸根。那麼，華夏文明的軸根在什麼地方？就在山西。

考古學家蘇秉琦先生認為，山西是華夏文明的軸根系，這一觀點產生了非常重要的影響。人們在討論中華文明的形成

第一節　華夏文明的軸根

時，有各種不同的意見，但還少有人對蘇秉琦先生這一觀點提出異議。之所以如此，主要有以下幾個方面的原因。

山西地區的自然地理條件能夠滿足文明成長的要求。東面的太行山阻擋了海浸時期的大洪水，使其不能往太行山西部地區漫淹。儘管這些地帶也有洪水，但山西一帶山多溝深，地形複雜，仍然有很多地方適宜於人類生存。同時，這一帶的氣候相對來說比較好，不僅適宜於人類的居住，也適宜於植物的生長。尤其是南部，無霜期相對長，能夠滿足植物生長需要的週期。其更南或更西的地區，或者氣溫溼熱，或者過於乾旱，就農業生產而言，均存在明顯的問題。一些地區雖然在一定時期內適宜於人的生存，但條件變化之後，人類必須大規模遷徙。除了地理、氣候這些條件外，還有一個非常重要的原因是這一帶的土地比較肥沃，物產比較豐富，特別是黃土的優勢十分適宜於植物生長。從山西東部邊緣向西延展至甘青一帶的黃土高原是世界上最大的黃土地帶。山西南部鹽池的自生特性為人類的生活，尤其是身體的發育提供了便利條件，成為遠古時期極為重要的策略資源。多樣的礦產儲藏，特別是銅鐵資源對生產力的發展也發揮了重要作用。

山西自然地理條件具有非常明顯的獨特性，主要表現在封閉性與開放性的統一。封閉能夠滿足文明弱小時期的生長，避免外來更強大的文化的衝擊導致其夭折。而開放則使文明能

第六章　山西地區的貢獻

夠有條件接受外來文化的影響,並在不斷的接觸、碰撞中達到吸納、融合,使原生文化在接受新的文化元素後增強自身的活力。山西地區得天獨厚,封而不閉,開而不放,為文明的孕育生長與形成發展提供了基礎條件,成為早期人類生產生活並創造文化的理想之地。也正因此,這一帶的文化能夠持續發展,文明能夠不斷生長,以至於在經濟文化諸多方面優越於其他地區,成為我們所說的華夏地區。當然,最早的華夏並不包括今天山西的全部區域,但也不限於今天山西的地域。大致而言,華夏的核心地帶是晉之南部與陝西關中、河南西北部的黃河三角洲地帶。這一地帶也是我們所說的地域與文化意義上的中原。隨著時間的推進及經濟社會的發展,華夏的疆域也在變化,最主要的變化是總體上向四方拓展。

顯著的比較優勢、獨特的自然地理特色,使華夏地域成為人類早期文明形成發展的理想之地。也正因此,這裡不斷地吸引著各地族群向這一帶遷徙,持續地形成了族群的融合。一般而言,人們認為在炎黃之戰後,達成了炎帝部族與黃帝部族的大融合,形成了炎黃聯盟,也就是華夏族群。華夏族群的重要活動地即為山西地區,特別是晉南。所謂華,主要是指晉之南部與陝之東中部,以及豫之西北部。所謂夏,也主要是指這一帶。簡單而言就是汾渭流域與河洛一帶,這就是華夏地區最重要、最核心的地帶。炎黃聯盟中的不同部落分支大部分在華夏

第一節　華夏文明的軸根

核心地帶融合發展，但也有相當的部分外溢，遷徙至更為邊遠的地帶如西部、西南部與東部、東南部。也有一些遷徙至北方草原地區或其他地區。這些外溢的部分，由於比較多地繼承了原有的生產生活方式，並與當地的族群相互影響、相互融合，形成了被稱為戎、狄、羌、夷的族群，保持著一定的獨立性。但是華夏核心地區的人們也在不斷地接納融合其他地區遷徙而來的族群，顯現出文化上的新特徵，終於轉化為華夏。這種複雜性顯示出華夏族群在其形成與發展過程中善於吸納其他文化中於己有益的成分，並轉化為自身文化的特殊特色。這也促進了華夏文明的成長，使之保有充沛的活力。

考古研究的角度更可以突出地證明山西地區軸根的特點。山西地區的舊石器文化自成系列，顯現出比較完備的特徵，既反映了特定文化的延續性，也反映出對其他地區文化的影響。新石器時代，考古研究證明了以仰韶文化廟底溝類型，特別是廟底溝二期為主的文化在這一地區的影響，證明這一文化在山西南部具有原生性，並由此向東、西、南、北多個方向拓展。特別是在距今五六千年的時候，各地文化的發展出現了滿天星斗、遍地鮮花的狀態。其中的紅山文化、良渚文化已經表現出文明的典型特徵，尤其是良渚文化，是東南部地區非常成熟的文明形態。在中原一帶，最典型的是河南洛陽一帶的雙槐樹文化，已經顯現出文明的基本形態。但由於種種原因，最主要的

第六章　山西地區的貢獻

可能是氣候變化，使這些地區的文化發生了轉移，它們先後在這一時期向晉南轉移，並在汾河流域的陶寺一帶彙集，形成了璀璨奪目的陶寺文化。陶寺文化具有原生性，是華夏核心地帶的文化。但是，它又吸收了許多其他文化的有益元素，展現出明顯的外來特點。正是這種多元融合的文化形態，促成了陶寺文化的變革進步，使其表現出成熟的具有典型意義的文明特徵。這一文明就是華夏族群在艱苦的探索實踐中，不斷創造形成的文明──璀璨迷人而極富生命力的華夏文明。華夏文明的形成，為之後華夏民族的進一步發展壯大奠定了堅實的基礎，也為其融合更多的族群，演進為以華夏為主體的中華民族奠定了堅實的基礎。

蘇秉琦先生透過大量的研究考證發現了華夏文明形成的祕密，他在《中國文明起源新探》中指出，「距今六千年到四五千年間的中華大地如滿天星斗的諸文明火花，這裡是升起最早也是最光亮的地帶，所以，它也是中國文化總根系中一個最重要的軸根系。」蘇秉琦先生所言之「這裡」指的是從中原至北方再折返到中原的文化連結帶。這條連結帶最重要的地區是晉南，焦點是陶寺。所謂中原，其核心就是華夏地區，特別是晉南陶寺一帶。而所謂的北方，主要是指沿太行山西緣汾河谷地北上，往東沿燕山至大興安嶺一帶之紅山文化及往西沿陰山與黃河地帶的河套地區之鄂爾多斯文化所在地。最早的陶寺文化

第一節　華夏文明的軸根

經太行、呂梁之間的平原盆地北上,與東西兩方面的諸文化相遇之後又南下,在陶寺一帶匯聚。而大汶口文化、良渚文化等多個東部與東南地區的遠古文化亦終於跨越太行山進入汾河流域,彙集至陶寺。所以蘇秉琦先生認為,「陶寺遺址所具有的從燕山北側到長江以南廣大地域的綜合性質,表現出晉南是『帝王所都曰中,故曰中國』的地位……正是由於這個軸根系在中華民族總根系中的重要地位,所以,1990年代我們對中國文明起源的系統完整的論證也是以這一地帶為主要依據提出的」(蘇秉琦:《中國文明起源新探》,遼寧人民出版社、人民出版社,2013年,第93頁)。

從以上的分析中大致可以梳理出山西地區對中華文明孕育形成做出的貢獻。在距今200多萬年前的歷史中,山西地區已有人類在活動,由此形成了舊石器文化的完整序列。在距今一兩萬年的時期內,山西已經發展出比較成熟的農業及其相關文化。在距今五六千年的時期,華夏族群開始在山西一帶活動,並在之後創造形成了華夏文明。在距今兩三千年的時期,華夏文明逐漸演變為中華文明。這一歷史發展過程,與山西地區有著極為重要深刻的關係。對於中華文明的形成而言,山西地區,特別是晉南一帶,是其生成的軸根。

第六章 山西地區的貢獻

第二節
文化特色的熔鑄

得天獨厚的自然地理條件，適宜於農耕的黃土地與溫帶氣候，高山、河流、平原、丘陵等錯落多樣的自然地貌，為文明的孕育與形成提供了獨特的條件。從漁獵到採摘，再到種植，粟作農業在山西南部的太行山區域首先發展起來。這是大自然的恩賜、歷史的必然。

種植農業並不僅僅是一個技術的問題，而是包含了人的認知、行為及自然條件、氣候等諸多因素的現象。炎帝時代，人們對怎樣種好農作物還缺少認知，民間傳說與民謠傳唱中有很多相關內容，如山西高平一帶的民謠中就唱道：「七種八種種成谷，除去毒液才能餐。」這反映了當時的人們在掌握農業生產規律的同時不斷探索實踐的過程。在這樣的實踐中，人們發現，人並不能絕對掌握農業種植的技術，在相當程度上可能是自然在決定如何才能種好農作物。人們在耕作的時候，不僅要考慮人自己的願望，更需要考慮自然規律並適應這些規律。例如一年有四季，春天是播種的季節，夏天是養護的季節，秋天才是收穫的季節，到了冬天，土地與人一樣，需要休息養護，收穫的果實需要收藏，以備來年之用。再進一步，人們會發現，播

第二節　文化特色的熔鑄

種之後如果下雨,就有利於種子的發芽生長;莊稼快要成熟的時候,則需要充足的陽光等等。

這些自然現象與人的生產生活關係密切。人不僅是人自己,具有獨立性,人還需要了解大自然的特性、規律,並順應之,人的行為與自然之間具有同一性。在人之外,還有一個更豐富、更具力量的自然,也就是我們通常所說的天。只有人的行為與天的運行一致時,人才會有好的收穫,才能生活得更理想、更幸福。所以,在遠古時期,對大自然的觀察與研究非常重要,也十分普遍。據說,早在距今 7,000 多年前,伏羲氏已經掌握了許多自然運行的規律,並作八卦。這是中華先祖關於人與自然關係最早最深刻的研究成果,很多地方都有相關的傳說。如晉南一帶就有伏羲在呂梁山上黃河乾坤灣邊畫制八卦的故事。史籍中亦多有記載黃帝時期的發明創造,特別是在天文學方面的貢獻,如黃帝使羲和占日、常儀占月、臾區占星氣等等。大概來說,在黃帝時期,人們已經基本掌握了日、月、年等時間的週期,並把自然現象與人的行為結合起來。至堯時,天文學得到了更大的進步,這不僅表現在人們研究天文學的技術之飛躍,如出現了巨型觀象臺,也表現在人們對自然規律的進一步掌握,如對二十四節氣中二分二至的了解等等。這說明遠古時期,由於發展農業的需求,人們對人與自然的關係有了逐漸清楚的認知,並形成了天人合一的思想。這一思想不同於

第六章　山西地區的貢獻

天人對立的觀念,是中華文明極為獨特的文化結晶,是中華文明對人類文明的重大貢獻。

中華民族在對自然了解掌握的程序中,充分發揮了個人的主觀能動性,這種能動性主要不是依靠外在的技術工具,而是內在的感悟能力。我們知道,如果沒有相應的技術工具,對自然的了解認知就存在極大的局限性。但在遠古時期,人們並沒有更多的工具可以使用,這樣的條件下若要掌握自然運行的規律,最可能的方法就是把人自身的感悟能力發揮至相當的水準,盡可能地根據實踐、經驗、心性來通天絕地、掌握規律。這種努力與人的實踐緊密結合併統一起來,使人的內在世界變得更豐富、更強大。與此同時,華夏民族也逐步形成了思維方式的主要特徵,就是強調感悟與體驗,強調整體性,強調在相互連繫、作用的整體中有機綜合地做出判斷。這是一種超越具體存在的判斷,是由具體進入普遍、由現象進入本質的方法。這種方法不強調邏輯論證,不強調歸納推理,強調的是內心世界的感悟力、體察力,所以中華文明十分重視個人內心的修養。這種修養從社會層面來看,展現了個人行為與道德倫理的一致性;從認識論的層面看,是人與自然統一,由人通達自然的必然。而人的行為認知與自然存在運行的統一正是一種至高的境界,是一種由人通達自然的和諧秩序與內心覺悟超越世俗的境界,即人與自然和諧有序運動變化的審美境界,因而中華

第二節 文化特色的熔鑄

文明也是一種強調審美的文明。美就是人與自然的協調統一，就是人的行為在怎樣的程度上展現了自然最可能的要求，這不僅表現在中華民族的宇宙觀、價值觀中，也表現在日常生活的衣、食、住、行中。因而，強調審美，強調人的精神世界的昇華也是中華文明十分重要的特色。

中華文明另一個極為重要的特色是開放包容。從地理環境來看，山西地理條件最傑出的特點是封而不閉、開而不放，這既為文明的養育、形成提供了呵護、屏衛，亦為文明汲取外來有益文化元素創造了條件。從考古發現來看，中華文明的主體華夏文明的形成本身就是一元為本、多樣相融的結果，這種特色在中華文明形成之後仍然延續下來。從族群的構成來看，其最基本的構成是炎黃集團，其中既包括了炎帝部族，也包括了黃帝部族，還有可能是屬於炎帝部族的蚩尤部族等等。在漫長的歷史程序中，以炎黃集團為核心的華夏族群不斷吸納融合其他族群部落，使之逐漸轉化融合，形成華夏民族，並進一步擴展為中華民族。這種融合伴隨著戰爭，但並不因戰爭而迫使某一方被消滅，其最普遍的結果是失敗的一方被勝利的一方收納。其中生命力較為弱小的那一部分逐漸被較為強大的那一部分同化，並融合為一個統一體。一般而言，華夏文明由於自身具有的先進性，總是能夠同化其他的文化因素，並在這種同化中使華夏文明接受了新的文化力量。這一文明既不極端排外，

第六章　山西地區的貢獻

又不盲目接受；既為異質文化的進入提供了可能，又不會被異質文化沖毀消亡，它能夠在不斷的發展程序中，汲取融會新的文化因子，使自己保有活力，即使在遭遇重大挫折的情況下，仍然具有創新轉化的能力，表現出堅韌的生命活力。

中華文明認為人是整個自然宇宙的組成部分，是其中的一分子，需要遵循自然之規律、法則。人只有守自然之道，才能行人之道，這是問題的一個方面。問題的另一個方面是，人是有自覺意識與主觀能動性的存在，有其存在的價值。正是因為人的存在，大自然才具有了能夠被人感知的價值與美。這種人的觀念在中華文明中展現得非常清楚。《易經》中有言曰：「天行健，君子以自強不息。」這儘管是在強調天與人的同一性，卻也是在承認人的獨立性的前提下進行的討論。在《道德經》中，老子指出，人法地，地法天，天法道，道法自然，也是同樣的邏輯。所以，道大，天大，地大，人亦大。這種人的獨立意識展現在社會生活中就是人的主觀能動性得到肯定，並被激發出來。身居高位者並不是以滿足自己的私欲為目的，而是以讓人，構成社會生活中的每一個人，包括普通人都能夠達成自己的價值。

神話，特別是山西地區發生的神話與傳說，非常典型地展現出這種價值追求。不論是女媧摶土造人，抑或是精衛填海、大禹治水、愚公移山，都是人的自覺意識的展現。人在自然

第二節　文化特色的熔鑄

中並不是被動的、被規定的存在，而是在遵循自然之道的基礎上，有爭取自身發展、幸福可能的獨立體，所以人們總是篳路藍縷、勵精圖治，為改善包括自己在內的人的生存條件而奮鬥、奉獻。他們不怕犧牲、頑強打拚，捨生忘死、忘我而行。相應地，那些具有至高地位，擁有支配他人權力的君王，往往以民為上，勤政愛民，如炎帝親嘗百草、教民稼穡，終因誤食毒草而逝；黃帝勞心力、節物用，謹敬小心，聲、色、衣、香、味、室皆「禁重」；帝堯粗食草屋，為民敬業，立誹謗之木、敢諫之鼓，開民之言路，禪讓權位，以利於民；等等。民為上，民為本，民為天，在華夏文明形成的程序中，已經確立了濃郁的以民為本的觀念。

遠古時期的山西地區由於具有地理條件的優越性，成為各種文化匯集的主要地區，社會之生產與管理亦得到較快發展，文化也非常興盛，由此對華夏文明的形成、發展產生了重要影響，亦奠定了中華文化最基本的特色。

第六章　山西地區的貢獻

第三節
連通與拱衛的中樞

　　我們曾經談到，山西的自然地理文化條件最突出的特點就是開而不放、封而不閉。華夏文明之所以在山西晉南及關中、豫西一代的中原核心地帶形成，與其特殊的自然地理條件有極大的關係，如其地貌、土質、氣候、物產等。這一帶具有典型的封閉性，可以呵護文明的生長，但又具有相對的開放性，可以使原生文化接受外來文化的有益成分，形成適應具體環境要求的新的更具生命力的文化形態。就山西地區而言，在中華地域的廣闊範圍內，具有非常典型的意義，一是其地域的獨立性，這使其與外部的連繫受到相應的限制，但這種限制並不是絕對的，而是相對的，有條件的。由此也顯現出其地域的另一特點，就是一定程度上的開放性，這裡仍然保持了與外界的連通，能夠通達更多樣的地域及其文化。

　　從這一層面來看，山西地區就居於一種非常特殊的地位，其東西之太行山、呂梁山成為天然的屏障，黃河沿其西部向南再折向東流入大海，形成環護，加以南部的中條山、王屋山與北部的陰山餘脈成四合狀，使山西成為一個被圍攏的區域。同時，在這些天然的屏障之間仍然存在許多可供通行的孔道，特

第三節　連通與拱衛的中樞

別是在陰山山脈與燕山山脈之間，有可進入蒙古高原的路線。這一點極為重要，它使山西地區能夠與草原連通，並由草原進入西域。而在山西東南部，又有許多地方可穿越太行山與中條山，跨越黃河，進入關中、豫西與東部的平原地帶。

在車成為運輸工具之前，山西已經是連通西域的重要通道，學者們經過研究把這一連通西域的路線名為「山西道」。葉憲舒曾實地考察這些路線，並根據自己的考察與史籍記載、考古發現勾勒出山西通往西域的大致路線。他認為，山西道早期主要是水運，沿黃河南下進入中原，《史記》的〈夏本紀〉中有明確的記載：「貢璆、琳、琅玕，浮於積石，至於龍門西河，會於渭汭。織皮崑崙、析支、渠搜，西戎即序。」司馬遷在記錄大禹治水平雍州時劃定了雍州之大致範圍，確定了這一帶的貢賦，即「貢璆、琳、琅玕」。其進貢的路線是「浮於積石，至於龍門西河，會於渭汭」。所謂積石，位於崑崙山脈中部，在青海東南至甘肅南部一帶，黃河繞其東南而流。雍州一帶的貢物要從積石這個地方經水運至龍門，也就是黃河兩岸之西河之地，大約在今天的河津一帶。然後要集中在渭水的拐彎之處，再送往都城，應該是今臨汾陶寺一帶。如果是這樣的話就很可能是沿汾河北上。這樣，西部的若干屬於西戎的族群便會「即序」，也就是說管理有序了。這一描述說明在堯舜禹時期，特別是禹治水平患後，沿黃河的水路運輸是中原通往西部地區的重要通

第六章　山西地區的貢獻

道,被學者們認為是通往西域之山西道的黃河道。商時,作為運輸工具的車已經廣泛使用。至周,不僅運輸工具得到極大的改進,道路系統也發生了重要變化。

《穆天子傳》中記載了周穆王用造父所駕八駿之車西巡的過程。他從成周洛陽翻越太行山,沿太行山至雁門關,然後進入黃河河曲地帶,又沿黃河進入西域地區。其返回的路線亦大致如此。這說明至周時,沿太行山的陸路已經通行,能夠適應天子之巡的要求。這條路被學者們認為是通往西域的山西道之雁門道。而在西周都城鎬城即宗周,與成周洛陽之間築有周道,以保證兩地之通行無阻。其中可沿渭水東去,過桃林塞,北上進入汾河,或過蒲津渡(在今永濟)北上,沿汾河往太原,再往燕薊之地(陳鴻彝:《中華交通史話》,中華書局,2013年,第48頁)。《詩經·大東》中有言曰:「周道如砥,其直如矢。」可見其道路的品質非一般可比。由此看來,山西既具有通達草原地區的出口,亦具有通達關中、豫北之道路,能夠連通草原與中原。

同時,山西也是從關中往燕薊一帶的重要通道。這條通道可能在不同的情況下所行路線並不一致,但卻成為由西往東的重要路線。尤其在北京成為都城之後,其東西向的道路更為重要。有研究者如榮新江根據考古發現梳理了粟特人從西域進入中原再往東行的路線,發現山西正是這一由西往東道路的關鍵

第三節　連通與拱衛的中樞

路段。明清時期，朝貢體系達到極為完備的形態，西域各國朝貢的目的地為京城北京，他們需經過山西出太行山到達。而在山西的考古發現中，有大量西域人士活動的遺存，這說明山西正好處於一個南北連通中原與草原，東西連通西域與燕薊，再往東達遼吉之地的十字路口，是具有樞紐意義的地帶。這種交通方面的重要性一直貫穿了整個歷史時期，至現代交通的興起才逐漸退居次要地位。

當然，並不是說連通中原與西域地區僅此一路，所謂「絲綢之路」並不是線性的，而是網狀的。從西域至中原不可能僅經山西，但無可否認的是，山西地區有著極為重要的地位。漢時，武帝發兵進擊匈奴，多從山西出兵，乃為其有通道可達。而匈奴也往往經山西襲擾中原，亦因有交通之便。唐時，中原與突厥、回鶻之衝突、連繫亦多經山西。史籍記載回鶻往長安，要經太原，再南行，而中原往回鶻亦如此。以至於太原成為回鶻信仰之宗教摩尼教的中心地區。其原因就是太原為中原與回鶻交通的重要樞紐，這裡聚集的回鶻人口比較多，往來商人、使節、軍旅極為頻繁。明清時期，山西是中原地區與北元交戰、貿易的重要孔道，發生了許多影響歷史的重大事件。

除與草原族群之間的戰爭外，山西是商貿交通的重地。漢唐時期，西域粟特人為最活躍的絲路商人，在山西就發現了大量的顯現出粟特文化特點的遺存。當時的蒲州（今永濟）、介

第六章　山西地區的貢獻

州（今介休）、并州（今太原）、代州（今晉北）以及平城（今大同）沿線是往來商旅，特別是西域人士最活躍的地區。明時，適應守護北邊之需，明政府在長城沿線建九邊重鎮，屯軍戍守。晉地商人展開戍邊貿易，以供軍需。晉商亦由此登上了歷史的舞臺，他們興於鹽、盛於茶、輝煌於票號，縱橫九萬里、馳騁六百年，建立了從福建武夷山地區及後來的湖南、湖北地區至亞洲腹地恰克圖的貿易路線，使「草原絲綢之路」顯現出新的興盛與繁榮。這一路線從福建武夷山開始，經安徽、河南，再沿山西汾河河谷或太行山一線進入蒙古高原，繼而進入俄羅斯地區，在恰克圖彙集，經俄羅斯商人做轉口貿易進入歐洲更為廣大的地區。晉商不僅在晉地的生意興隆，其足跡亦遍及中國的大江南北，以至於東南亞地區，以及經俄羅斯進入歐洲，成為真正的國際貿易，顯現出全球化的強勁態勢。而山西作為連通中原與草原，進一步連通江南與極北之歐亞地區的中樞，發揮了極為重要的作用。但我們應注意到，如果這一地區僅僅發揮了連通的作用，其重要性仍然不夠，山西另一個十分重要的作用就是拱衛。

中華地區的核心地帶為中原，這是一個以文化認同為正統的地域。但所謂的中原並不是一個有明確地理邊界的地域概念，而是一個有著大致邊際的不斷向四周擴展，以文化的認同來分層次的文化地域概念，其核心地帶在晉陝豫交界地區，然

第三節 連通與拱衛的中樞

後向周邊延展。中原的地域範圍因文化的同化而改變。從〈禹貢〉的五服中可以看到，它是一個以中原或冀州為同心圓之圓點，不斷向周邊延伸同化的結構。早期的核心地帶在晉南汾河流域，以陶寺為中心。陶寺是天下之中，夏立後，這個中心出現了向南轉移的態勢。天下之中到了黃河以南的河洛地區，並擁有了歷史上的穩定性。這種轉移乃是由華夏地域的拓展決定的，也可以說是中華文化之光大決定的。但這並不能證明中原之核心地區就是政治之中心地區，中原主要是一種文化的標識，是文化認同的象徵。

在這樣的歷史程序中，我們發現歷代之都城大致在這樣一個範圍，即中原核心地區範圍之內，最重要的如今西安、洛陽、開封、北京，以及相對次要的今之河北臨漳與河南安陽一帶。而江南之今杭州、南京等地，西北之武威等地雖然亦曾建都，但大多時間不長，或偏安一隅，或割據而治，均難成為統一政權之政治中心。這些統一政權的政治中心雖然不一定是文化中心，但均在晉地之周邊，大致可以這樣來描述，就是以汾河流域為圓點，向西向東或向北，形成一個半月形，分布在黃土高原或其周邊地帶。一般來說，黃土高原的海拔要高於這些都城的所在地。也就是說，黃土高原地帶不僅在物產等方面可以支持這些政治中心，在地理條件方面也成為這些中心的護衛之地。而這種支持與護衛最典型的地域就是山西。假如山西以

193

第六章　山西地區的貢獻

并州為中心的話,它距西安、洛陽、北京的距離大致相等,有支撐都城的策略地位,這種地位表現在各個方面。

首先是地域關係。西安在渭河流域之關中盆地,是黃土高原最肥沃的地方。所謂「厥土唯黃壤,厥田唯上上」,是最適宜於農耕生產,社會財富最集中的上上之地。汾河平原亦具有相同的地理特徵。汾河與渭河雖地跨晉陝二省,但在地理氣候條件諸多方面卻具有一致性。汾河平原、渭河平原及河南之伊洛一帶均為河流沖積平原,統稱「汾渭平原」。汾渭地塹經汾渭二河衝擊而成,其延伸方向與汾渭地塹走向一致,整體呈狹長的新月形。因黃河與中條山分割為陝西之關中平原、山西之汾河平原,以及河南之伊洛盆地與靈寶盆地,有論者把這一地區的形狀具體地譬為飛翔的鳳凰。三門峽、洛陽為鳳頭,汾河、渭河流域分別為左右兩翅,均屬暖溫帶半溼潤氣候。這一地區氣候條件雖有差異,但總體可以滿足農作物一年兩熟或兩年三熟的需求,農業開發歷史悠久,有豐富的傳統農業經驗,是中原歷史上最早成熟的農耕地區。今北京雖然在華北平原,但依然在燕山、太行山山脈之側。沿太行山東側向南行走可達河南之安陽,即鄴城附近。北京的母親河為永定河,而永定河源頭之一在山西寧武縣,由此東流,為桑乾河,與另一源頭內蒙古興和縣之洋河相匯成永定河。永定河與潮白河、溫榆河共同在北京形成了沖積平原,攜帶了大量的黃土細沙,隨季節水勢的變

第三節　連通與拱衛的中樞

化而改變河道,被稱為「小黃河」,亦稱「渾河」。這樣的沖積平原極有利於農業的發展。大致而言,山西雖然地處黃土高原,但與那些作為都城的地區有著非常緊密的地域連繫,或者說從地域關係的角度來看,它們具有一體性。

其次是交通道路。從草原進入中原,可以從東北地區進入,亦可以從西域地區進入,但最便捷的通道是從晉地進入。無論東北還是西北,即使穿越草原,翻過諸如大興安嶺、陰山等阻隔中原與草原的山脈,還需要繼續東南而下或西南而行,才能逐步到達所謂的中原。這應該是相對困難的選擇。而從山西北部進入,只要翻過晉地之雁門關,即已進入中原,再南向而行即可俯視平原。晉地地形複雜多樣,但卻由此顯現出更多的可能性。在燕山與陰山之間有通道可南北行。在燕山、太行山一線,有許多連結平原與高原的通道。其中的「太行八陘」最為典型。可以說,從太行山東進南下,均需走這些陘口。而要進入關中平原,黃河沿線有許多渡口,最著名的如蒲津渡、風陵渡、大禹渡及茅津渡等,多為地接三省之地。山西儘管表裡山河,但亦四通八達,一旦擁有山西,可控華北、關中各地,且均呈俯衝之勢。從高原至平原,山西具有地利之便。

再次是策略地位。儘管晉地為農耕文化的重要發祥地,但由於其地形多樣、地勢複雜,各地發展演化的程度並不一致,因而亦有很多半耕半牧或以畜牧為主的族群,由於生產方式不

第六章　山西地區的貢獻

同,其生活習性與文化亦各有異。山西地處中原與草原的交界地帶,是草原族群與中原族群相互博弈的焦點,或進或退,或戰或和,總體來看,呈現農進牧退的狀態。但這種進退並不是絕對的,而是相對的,基本上以長城為界。游牧族群進入長城以南,需改變其原有的生產生活方式。農耕族群進入草原長城以北,亦難繼續其原有之農耕形態,或退而南返,或轉化為游牧。趙武靈王胡服騎射,拓展了北部農耕地帶,但並不能鞏固更北的地區,只能修築長城以為掩護。石敬瑭割讓燕雲十六州,直接暴露了中原之策略防線,使中原地區失去了地域屏護,處於十分被動的局面。歷史時期各方勢力在三晉之地你來我往,攻守博弈,主要是為了爭奪策略主動權,能夠控一方而攝天下,其次才是爭奪財富與土地。北魏遷都於平城(今大同),使拓跋鮮卑據有了控制中原的策略優勢。而進一步南遷洛陽,則進入了中原核心地帶,據有文化正統勢所必然。由此,據有晉地,則對不同時期的都城形成強大的影響。就中原政權而言,是一種拱衛;就周邊族群而言,則是一種壓迫。

山西地區的拱衛作用在考古發現與史籍記載中均有突出的表現。夏立,都城不再定於陶寺,而是南遷於平原河洛地帶。其中的原因,除夏控制影響的區域得以擴展,更為廣大之外,另一個就是擁有包括太行山、中條山等高原山地的屏護,可以避免直接與北部地區戎狄族群對抗。在山西南部發現了垣曲商

第三節　連通與拱衛的中樞

城、夏縣東下馮商城，這可視為對商之平原地區的一種護衛。一方面可監視防範商立之後還沒有從商的夏人之活動，以及晉地眾多與商關係並不融洽的方國之動向；另一方面，亦是連通黃河之北原夏人活動地區與黃河之南被商控制地區的通道。在東下馮商城中，發現了倉儲建築遺址，說明這裡是一處儲存物資的重地，可能是從晉南地區向商之京畿輸送物資的倉庫，亦可能是儲備策略物資的所在。

周時，晉地這種拱衛作用表現得更為突出。西周封唐，後改為晉，其地大約在今晉南汾水流域之侯馬與翼城一帶。傳言曰周成王與其弟叔虞戲言而終於封叔虞於唐國。後唐叔虞之子晉侯燮父改唐為晉。如果按照這個著名的桐葉封弟的傳說來看，唐晉之地的分封有開玩笑的意思，是周成王的戲言，但實際上卻是周立之後的策略圖謀。周武王克商，把商之京畿地區劃為三塊，由商紂王之子武庚領有一處，以管理商之遺民；又命自己的弟弟管叔與蔡叔各領一處，以監督武庚及商遺民。後發生了管蔡之亂，歷三年才平定。周成王接受教訓，大封諸侯時有了十分明顯的策略意圖，最主要的目的就是「封建親戚，以藩屏周」。也就是透過分封自己最信任的親戚之人來屏護周王室。最為周室倚重的是分封後之齊、魯、衛、晉四國。成王封姜太公於商之盟國蒲姑、萊夷等地，建齊國；封周公旦之子伯禽於商之盟國奄，建魯國；封康叔於殷墟，建衛國；封唐叔虞

第六章　山西地區的貢獻

於唐，後改為晉。這四人均為成王信任依賴之人。姜太公為其父武王之師，朝中重臣；周公為成王倚重之人；為其兄；康叔為武王之子，叔虞為成王之弟。除晉之外，齊、魯、衛均在太行山之南的平原地帶，以至於海，正是商人控制的重要地帶。而唯晉在太行山、中條山之間的晉南地區，占有高原地帶，形成策略優勢。亦可以說成王接受了當初武王的教訓，在黃土高原地帶建立了一個震懾平原地區的支點。在管蔡之亂時，黃土高原的霍叔也參與其中，而後來封給叔虞的唐國也成為叛亂的一部分，這使周王室處於十分被動的局面。因而當管蔡之亂平息後，周成王封弟叔虞於唐晉之地，以為王室屏障，其策略意圖是非常明確的。

　　晉國初雖方百里，是一個比較小的國家，但歷代晉侯文武齊備、改革創新，收間雜晉地之狄和北方強悍之戎，以屏護周室之安。晉國對戎狄族群採取了以和為主、和武並舉的政策。如與戎狄之女聯姻，爭取了戎狄族群的支持，並逐漸使他們華夏化。同時，安置他們居有所處，使戎狄成為晉國重要的生產與軍事力量。晉悼公時，上卿魏絳建議和戎，戎狄事晉，遂興霸業。這些舉措極大地鞏固了黃土高原地帶的策略地位，有力地屏護了周王室。在周王室東遷時，晉文侯出兵護駕勤王，使王室能夠從宗周豐鎬遷往成周雒邑，其功至巨。之後誅殺篡權之攜王，結束周王室二王並立的混亂局面，穩定了東周初期的

第三節　連通與拱衛的中樞

局勢,是為「文侯勤王」。王子叔帶勾結戎狄叛亂,自立為王。周襄王出逃避難於鄭國泛邑(今河南襄城)。晉文公出兵至泛迎周襄王復位,並至溫(今河南溫縣)攻俘叔帶,擁襄王復位,誅叔帶。這些舉措當然對維護周王室的穩定產生了極為重要的作用。

秦漢時期,山西的這種屏障地位表現得更為突出。秦始皇立,三次東巡,均經晉地。第一次在滅趙國後,巡邯鄲、太原、上郡,主要目的是震懾趙人。第二次東巡在統一六國不久,目的是封禪泰山,立石頌德,以安天下。他從山東返回長安時繞道而行,登太行之山,巡上黨之地,西入河東,由蒲津渡河而返。第三次則是在南巡之後,北返至沙丘(今河北廣宗縣)一帶病亡。李斯、趙構等密不發喪,仍按原計畫從井陘至太原再北上至九原(今包頭),南下咸陽。這些均因晉地策略地位之重要。而秦將蒙恬率30萬大軍北擊匈奴,收復河套地區。至漢,匈奴屢南犯,兵圍馬邑(今朔州),韓王信降匈奴,致使山西之北部盡為匈奴所占,對關中地區形成威逼。漢高祖領兵至平城白登山,被匈奴包圍,後終脫險,啟和親之策。北魏時期,拓跋鮮卑遷都平城,臨中原之門,終至洛陽。而留居北方的六鎮官民中群雄迭出,楊氏終於建隋。隋煬帝楊廣三次巡視山西,發丁10萬建太原至黃河之北榆林一帶的馳道,在樓煩建汾陽宮。唐時,李氏在晉陽起兵,成盛唐之大業。時長安

第六章　山西地區的貢獻

為都城，洛陽為東都。武則天時在太原設北都。唐玄宗時繼在太原設北都，後為北京，同時升蒲州為中都。可見唐對晉地之重視，亦顯現出晉之策略意義非同一般。後唐河東節度使石敬瑭將燕雲十六州割讓與遼，使中原失去了策略屏障，直接暴露在契丹及女真、蒙古等北方游牧族群面前。山西成為北部游牧族群南下中原的策略基地。宋遼金元及西夏攻守博弈，山西成為焦點地區。大蒙古國軍南下，木華黎率兵攻占山西，金朝即亡，終建元朝。明清時期，北方游牧族群仍時時南下。明在長城沿線建九邊重鎮，宣府、大同、太原、榆林四邊均與山西有關。特別是大同鎮駐大同，太原鎮駐偏頭關，形成了一條從山海關至嘉峪關的防護線，而其核心地區即為山西。從這一簡略的梳理可以看出，山西由於所處地理位置的特殊性，一直是極為重要的策略中樞。所謂天下形勢，必有取於山西；京師之安危，常視山西之治亂。不論是連通東西南北，還是拱衛京師天下，山西之地位極為重要獨特。

第四節
變革創新的先聲

中華文明是典型的農耕文明。人們只有透過不斷探索實踐，才能逐漸掌握耕作技術，因而，實事求是、變革創新就成為這一文明的底色，對後世產生了重要影響。山西地區是華夏文明的主要發祥地，從文化特色的角度來看，也非常典型地展現出這一特點。

堯舜時期，洪水肆虐，所謂「洪水橫流，氾濫於天下」，對人民的生活造成了極大的危害。最初，堯命鯀來治水。鯀是一個非常敬業的人，「壅防百川，墮高堙庳」，他把高處的土石削低，填塞低處，希望能夠堵住氾濫的洪水。但是這種辦法不管用，鯀的治水很不成功。舜把鯀發配至羽山，命其子禹繼續治水，終於取得了成功。大禹治水成功的原因就是在總結了鯀失敗的教訓後，意識到僅僅依靠堙堵是行不通的，必須適應水勢的規律，改變思路，採取疏導的辦法。於是，疏川導滯，決汨九川，陂鄣九澤，合約四海。在大禹與他的同伴伯益、后稷等人的努力下，各地水系終於疏通了，大水從小河匯入大河、大川匯入大海。從此水脈暢通，河流歸順，人民生活安寧。大禹如果不轉變思想，創新思路，改革舊制，治水是不可能成功的。

# 第六章　山西地區的貢獻

　　春秋時期，諸侯逞強，諸霸爭雄。晉國經歷代之發奮，終成春秋五霸之一。晉源於古唐國，儘管唐國具有屏護周王室的策略地位，但並不是一個實力強大的國家。《史記》中記載其地在「河汾之東，方百里」。也就是說，古唐國只是一個方圓百里的小國。但是，唐晉諸君勵精圖治，國力不斷壯大。周時，社會治理進一步完善，特別是禮樂制度不斷健全，形成了非常完整的體系。但是，唐晉並沒有機械地遵循周禮，而是在此基礎之上結合實際採用新政，尊重其地戎狄族群的生產生活習慣。所謂「啟以夏政，疆以戎索」，就是採用周夏之政治體制，但尊重戎狄之生活風俗，才使民歸順，避免了社會的動盪，亦使其國力得到增強，終於從一個百里小國逐漸發展成為與魯、齊、衛等相提並論的重要封國。儘管相對於周之禮制，唐晉之治理多有不符之處，但恰恰適應了實際的要求，是一種實事求是的創新變革，為之後晉的發展壯大奠定了基礎。

　　晉燮父改唐為晉，晉國正式登上歷史的舞臺。依周制，諸侯國應以嫡長子大宗為君，但是在晉國，作為小宗的一支發展較快，終於在經過半個多世紀的努力後取代大宗，成為晉國國君，是為「曲沃代翼」，即在曲沃的小宗取代了在翼的大宗。這對周之禮制是一種挑戰，但從歷史發展的程序來看，這一變革引發了晉國的改革變法，為晉之霸業奠定了基礎。至晉文公時，晉國進行了卓有成效的改革，主要表現在這樣幾個方面：

第四節　變革創新的先聲

一是在經濟領域，廢除許多與實際不符的法令，輕徭薄稅，發展生產，改進工具，獎勵墾殖，修築道路，重視商業，寬商通農；二是在社會風尚方面，嚴懲盜賊，整肅民風，宣明德教，倡導相互幫助、相互救濟的禮俗風尚；三是在禮法制度方面，助周復位，重新確立周襄王的地位，啟用「郭偃之法」，制定官員的禮法制度，如賞罰制度、俸祿制度、任用制度等；四在軍事體制方面，改革軍制，將原來的二軍制改為上、中、下三軍制，後又增設新上軍、新下軍，為五軍制；五是在政治方面，選賢任能，任用功臣舊貴，特別是啟用有能力的非姬姓士卿，使他們能夠進入社會的管理階層。晉文公的一系列改革激發了社會活力，促進了生產發展，改善了人民生活，使晉國國力大振，後經城濮之戰大勝楚國，終成霸主。這一系列的改革被稱為「文公之教」。

晉國一改周之成制，重用異姓大夫，使社會上有才能的人士湧現出來。但隨著時間的推移，異姓公卿的勢力日見強大，對晉之政治、經濟、文化的影響日深，終演化為韓、趙、魏三家分晉的局面。晉室虛位，終至解體，戰國時代展開。從歷史發展的程序來看，被淘汰的是積弱落後的晉公室，代之而起的是積極進取的三晉諸國。魏文侯以卜子夏為師，任用賢才，加強法治，發展經濟，由李悝主持推行改革，改進耕作方法，增加農業產量，調整生產關係，頒布《法經》以規範社會秩序，魏

第六章　山西地區的貢獻

國逐漸成為強國。韓國至韓昭侯時，任用申不害實行改革，改進農業生產，保持土地品質，根據實際功績決定賞罰，實施嚴明的法治。正如《史記》所言，「國治兵強，無侵韓者」。趙國的改革也不斷深化。春秋時期，晉國已經開始把新闢之地賜給有軍功的將領作為采邑，采邑的擁有者由晉國國君直接任命，采邑不能世襲，稱之為縣或郡。這種早期的郡縣制雛形與周之分封制是不同的，似可視為對周分封制的補充，也可視為對周分封制的悖逆。趙國不斷向北方地區拓展，先後設立了雲中郡、雁門郡、代郡，在郡之下設縣，並移民北上，墾戍邊關。郡縣制的設立，有效解決了拓邊帶來的治理問題，迅速被其他諸侯國如秦、楚等仿效，為之後秦統一天下實施郡縣制奠定了基礎。趙武靈王為拓邊拒胡，改革兵制，實施胡服騎射，影響深遠。兵制的改革不僅對趙國國力的增強意義重大，對古代戰爭方式的變革也產生了深刻影響。更重要的是，在人們的認知中，觀鄉順宜、因事制禮成為新的文化理念，只要能夠利民厚國，就應該革除舊俗，接納新生。一直以來，改革圖新的文化基因影響著晉地的發展進步，並對中華文明的發展進步產生了重要作用。

　　從中華文明之思想價值的建構來看，晉地是儒家文化的重要踐行地、變新地。由於炎黃二帝在這一地區融合新變，華夏族群形成，並逐漸發展壯大，終成中華民族。堯舜禹三代，夏

第四節　變革創新的先聲

商周三朝，與晉地關係密切，或為建都之「中國」，或為滋生之地望，對儒家文化的形成影響至著。但是，晉地也是儒家文化不斷新變發展的地區。孔子之徒子夏在西河講學，成為儒家重要一脈。他強調不僅要講聖賢理想，還必須能夠學以致用，有能力實現理想。荀子為儒家承前啟後之人物，他在全面總結儒學思想的基礎上強調法治精神，被視為是發展法家學派的重要人物。春秋戰國，各擅勝場，諸侯紛爭，晉地不僅出現了眾多最重要的法家代表人物，亦是縱橫家的興起地、名辯家的重要活動地、兵家的集大成之地，並且之後歷代均有極為重要的思想家出現。

從社會治理的角度來看，晉地不同時期均有重大變革。從炎黃二帝而言，其各族共主的地位，儘管史籍記載是由於仁德廣披，但不能否認主要依靠武力來保障。至堯時，禪讓制成為最重要的政權方式。而在禹時，禪讓最終被世襲取代。大禹之子啟開宗親繼位的世襲制，這種制度一直沿襲下來，貫徹古代歷史。至少在堯時已出現了分封制，至周時分封更為完備，但已經在晉地出現了郡縣制的早期形態。北魏時期馮太后、孝文帝改革，對社會產生的影響至為關鍵，奠定了之後隋唐再次統一的基礎。忽必烈入主中原，大批中原士人進言要延續傳統中原文化，忽必烈等採納良言，變革蒙古游牧社會治理體系，積極實行漢化政策，穩定了蒙古的統治，支撐了蒙古的擴張。清

第六章　山西地區的貢獻

末，社會變革風起雲湧，著名的「戊戌六君子」之一，晉地之楊深秀，以國家命運為己任，呈奏圖新，捨命上書，力主變革，終獻出了寶貴生命。

從經濟發展來看，中華文明以農為本。炎帝嘗百草，種粟稷，教民稼穡，是為神農氏。但炎帝時期亦「日中為市」，出現了最早的交易市場。在農業發展過程中，農耕技術發生了重要的變化。神農氏的主要功績是辨別出什麼樣的植物可供人們食用，以及如何才能種植這些植物。至堯時后稷，則善相土、識良種，能夠根據土地的品特質來決定耕種什麼最好、什麼樣的種子能夠生長出更好的莊稼等等。至明清時期，晉商應時而現，得地利之便，往邊鎮運送軍需物資，特別是晉南鹽池之食鹽。之後開闢的通往歐洲之茶葉之路，成為連通中歐的通商大道。隨著經濟貿易的發展，晉商又創立票號，便利了工商業的發展，他們生於鹽、興於茶、輝煌於票號，在不斷的新變中謀生存、求發展，不僅對工商業的發展、城市的興起產生了重要影響，亦對國際經濟格局的變化產生了重要影響。

從文化與藝術的發展新變來看，晉地為中華文化藝術之發展做出了極為重要的貢獻。在柿子灘遺址中，人們發現了距今兩萬多年至一萬年的巖畫，是為人類歷史上最早的巖畫。仰韶文化中半坡類型的人首魚身彩繪向廟底溝類型的抽象花卉演變，既反映出那一時期歷史的演變，亦表現出人類藝術的新

第四節　變革創新的先聲

姿。商周時期，晉系青銅器從質樸厚重向精緻典雅轉變，是生產力與技術的進步，也是社會發展的展現。以雲岡為代表的石窟藝術，從雄渾博大的草原風格、希臘犍陀羅風格向本土化演變，形成了「褒衣博帶、秀骨清像」的藝術特色，多元文化的融合被視為「雲岡模式」。佛教從西漢時期傳入中土，一直存在與世俗世界的矛盾。佛圖澄一系提倡「禮帝如佛」的教理，使佛與世的矛盾得到消解。至淨土宗、禪宗的形成，達成了佛教的中國化，不僅使佛教在中國得以發展壯大，亦豐富了中國的文化。唐時著名的晉籍思想家王通倡導儒、釋、道「三教可一」，不僅把佛教視為傳統文化的重要組成部分，亦使古典思想汲取了更多的新鮮血液，得以豐富進步。至清時，世界大勢浩浩蕩蕩，中國亦受時潮之激盪，睜眼看世界。傅山一改以經學研究為中心的時尚，執著於子學的研究，開拓了新的學術領域。他與遊歷山西的顧炎武等結為至交，探討國家興亡之途。顧氏之治學重視考證，開明末清初樸學之風，持「博學於文，行己有恥」之精神，「合學與行、治學與經世為一」的追求，強調既要研史更要論今。晉人徐繼畬作《瀛寰志略》，系統性介紹世界各國之大事，不僅對中國人認識世界產生了重要影響，對日本的維新變革、走向現代也產生了重要影響。

第六章 山西地區的貢獻

第五節
禮法兼治的舞臺

　　從某種意義講，中華文明是一種「禮」的文明。至少在周時，禮制已經非常完善。據說伏羲時代已經出現了禮樂制度的雛形，很多典籍中記載了這方面的內容。如我們介紹的屍佼，在其《屍子》一書中就認為「伏羲始畫八卦，列八節而化天下」。這裡的八卦是伏羲在觀天測象，研究地理人文之後得出的對天象自然與人文道德的高度理論總結。根據這一理論，可以教化天下人民，使之趨向文明。孔安國在《尚書·序》中指出，「古者伏犧氏之王天下也，始畫八卦，造書契以代結繩之政，由是文籍生焉」。可見在伏羲時代社會治理已經有了相應的制度。三國時期的譙周在《古史考》中指出，「伏羲制嫁娶，以儷皮為禮」。這一說法在各類古籍中多予提及，說明在這一時期，他們開始走出母系社會，進入對偶婚時代，對婚嫁制度有了新的規定，特別是制定了嫁娶之禮。據說伏羲時代已經有了成熟的音樂，祭祖敬天、婚慶大典均有音樂禮製出現。這一時期也發明了很多樂器，如瑟、琴、笙、簧、簫、塤等，使用的樂曲有〈荒樂〉、〈駕辯〉、〈扶來〉、〈網罟〉、〈勞商〉等。這些均可視為人類早期的禮樂之制。

第五節　禮法兼治的舞臺

黃帝時代開始制定官制,「官名皆以雲命,為雲師」,如春官為青雲、夏官為縉雲、秋官為白雲、冬官為黑雲、中官為黃雲,同時設四臣,置左右大監,有〈雲門〉、〈大卷〉之舞曲。可見這一時期社會治理進一步完善,禮樂制度逐漸發展。堯舜禹三代,社會關係進一步豐富,治理體系進一步系統,禮樂制度也得到了進一步完善。堯時已有各類官員負責相關事務,如羲和氏負責天文曆法、后稷負責農業生產等等,設四嶽十二牧,負責地方管理與國家大事。舜時有司空、后稷、司徒等九個行政長官,劃天下為十二州。夏禹時劃九州立五服,出現了早期的宗法制度、世襲制度、分封制度、土地制度等。可見隨著社會生產的發展,管理體系逐漸複雜起來。至周時,古代的禮樂制度終於完善,成為系統全面的治理體系。《周禮》非常詳細地記錄了這些內容。

禮樂制度的實施是中華文明對人類文明的獨特貢獻,它從應該怎樣做的層面規定了社會管理體系與人們日常生活規範的各方面,是一種激發人追求向上價值的制度,也是一種具有規定性的展現法的意義的條文。中華文明對於社會規範與治理不是僅僅依靠單一的法律規定,而是在正面倡導怎樣做的同時,也規定不能做的各種情況,所以禮的精神中也包含了法的意義。

不過,人們在討論法的時候,習慣從法家之法談起,少從禮法之法來看法。東周時期,禮樂崩壞,是指從堯舜至西周之

第六章　山西地區的貢獻

　　禮樂制度隨著時代的發展出現了嚴重的不適應，需要有新的治理觀念與治理方法出現。法家於是應時而現。實際上，中華之法隱含在中華之禮中，法家的實踐只是更強調法的意義而已，並沒有否定禮的價值。我們注意到，古代的法治建設與晉有著極為密切的關係。

　　首先是晉國所處的地理政治環境十分複雜。晉由唐成，周之唐國，僅是一個方圓百里的小國，從政治治理的角度來看，作為周封的諸侯唐國，曾參加反抗周武王的管蔡之亂，說明其中存在著悖周亂世的政治勢力。從其人口構成來看，其中除了周封之王室成員隨從之外，還有很多唐地之原住民，主要是夏之後裔遺民。此外，還有不屬於農耕之民的「懷性九宗」，就是在唐晉封國內的狄人各部。而在其周圍，還有更為複雜多樣的戎狄之民，其中除了屬於「懷姓九宗」的狄族之外，還有其他族群。據史籍記載與考古發現，如霍國，就是參與了管蔡之亂的霍叔之封地。還有楊、趙、先、虞、虢、魏、耿、冀、韓、柏、董、荀、郇等國，這些國的情況比較複雜，其中有周之封國，也有世家大族。儘管其民之構成還需要深入研究，但肯定不是單一的。特別是近年來的考古發現，認為倗、霸、柤等應屬於隗姓狄國。這樣複雜的政治局勢，對於唐晉的治理而言，僅僅強調禮是不夠的，還必須重視法。

　　其次是周時各國競相發展，晉國國土狹小，人口複雜，要

第五節　禮法兼治的舞臺

在眾多強國中站穩腳跟，必須勵精圖治、變革創新，有非常之舉。時齊國重用管仲為相，推行改革，實施新法，齊桓公稱霸，成為春秋時期的第一代霸主。南方的楚國亦逐漸強大，對中原虎視眈眈。魯衛等國借周室之威，雄心勃勃。晉國的改革變法實是時事所迫、現實要求。從唐叔虞至晉燮父，至「曲沃代翼」之晉武公，到晉文公稱霸，再到晉悼公復霸，晉國歷代均變革圖強，其間多有變革周制、創舉新規，從而強大國力之舉，最為重要的就是加強法的治理。

實際上，晉地素有法治的傳統。依法治法，史有餘脈，至晉則可謂順理成章。炎黃之時，人們還沒有明確的法的意識，但是黃帝在戰勝蚩尤部族之後，為震懾亂民，安定秩序，畫蚩尤像以張貼警示，可視為一種法的形態。按照《史記》所言，黃帝設有天、地、神、祇、物五官，「各司其序，不相亂也」。這其中應該有負責與司法相關的官職。堯時，能夠與法相關的是設立「誹謗之木」與「敢諫之鼓」，以開言路，以紓民困。舜時制定刑法，其中有墨、劓、刖、宮、大辟五刑，設士官，主持刑罰，有臏刑、黥刑、鞭撲等，此外還有流刑。禹時，法的治理範圍更為廣泛，他劃九州定五服，均設有相關的制度典章，其中就包含了法的規定性，如五服各自向中央承擔的進貢以及相應的懲罰等。《漢書・刑法志》中說禹時德衰，「制肉刑」。雖然我們不知道肉刑的具體內容是什麼，但這一時期已有了刑法制

第六章　山西地區的貢獻

度是可以肯定的。這些均為日後晉國的法制改革奠定了基礎。夏商時期,各有法治,研究者認為可以梳理歸納出黥、劓、刖、醢、脯、焚、剔、炮烙、剖心等刑罰。至周時,周禮的制定中包含了大量法的內容,如其中的秋官司寇就是「佐王刑邦國」,即執掌刑法之官;如用「三典」懲治違法之諸侯,「五刑」來懲罰犯罪之民眾,建「圜土」,也就是類似於今天監獄或看守所之類的建築以教育不良之民等等。總體來看,這一時期的法治更為健全。

再次是適應時代發展的要求,晉國廣羅人才,其中最重要的是在三家分晉之後,法的實踐得到了理論上的總結,出現了許多重要的法家著作。而晉及三晉之變革多從法入手,使國力大大增強,其變革也深刻影響了其他地區諸侯之國,使中華大地之法治得到了強化。

晉獻公時,士蔿受到重用,任大司空。適應「曲沃代翼」後晉國發展之需求,他在晉獻公的支持下,建立起一套有效的法律制度,為「士蔿之法」。其內容今已不詳,但大致是在政治上啟用異姓貴族,解決了公族爭奪權位的問題;軍事上將晉國軍隊從原來的一軍擴充為二軍,壯大了晉之軍事實力,為之後晉文公改革軍制奠定了基礎等等。後來,晉國多有新法出現。

晉文公時期,所謂「文公之教」的改革中就包含了規範各級官員的法律性制度。「文公之教」也被稱為「被廬之法」,強調經

第五節　禮法兼治的舞臺

濟上農商並重、政治上堅持尊周王室之正統地位、禮制上明確約束官員的各種制度。總體來看，晉文公的「被廬之法」仍然延續了周室禮制的核心，即明貴賤、定尊卑、尊王室的觀念，是其社會治理思想在制度上的延續與具體化。晉文公的改革非常重視郭偃，之後，出現了「郭偃之法」。

郭偃，春秋時晉大夫，掌卜筮，善觀天象，亦稱「卜偃」，他是晉文公改革的主要助手，與齊之管仲齊名。「郭偃之法」強調從經濟改革入手，再逐漸擴展至政治領域。在經濟領域，制定了促進生產、爭取勞動力的措施；在政治領域，雖然強調親親，但也倡導尚賢，重用賢德之士；在分配制度上，各定所獲，國君不再保留土地，而是從卿大夫的土地上收取稅收等。「郭偃之法」對晉文公改制產生了極為重要的作用，對晉國終於在齊桓公之後成為第二代霸主具有非常重要的意義，亦是三晉法家學派的源頭。戰國法家人物多受其影響。

趙宣子趙盾執政時，制定了變革之法，即「趙宣子之法」，主要內容有這樣幾個方面：一是制事典，明確各事項的制度；二是正法罪，完善刑律法令；三是闢獄刑，清理舊弊積案；四是董逋逃，追拿逃佚罪犯；五是由質要，整理財務帳目；六是治舊汙，懲治積案腐敗；七是本秩禮，明確尊卑禮制；八是續常職，恢復已有舊職；九是出滯淹，舉用社會賢能之士。這一法令既是對「文公之教」與「郭偃之法」的進一步完善變革，也

第六章　山西地區的貢獻

對之後晉國的變革發揮了重要作用。

晉國制定的法律中,「范武子之法」也很重要。范武子,氏士名會,因封於范,為范氏,也是范姓得姓之始祖。他曾任晉國之中軍將等職,是士蒍之孫、范宣子之祖父。晉景公時,曾彙編夏商周三代的典禮制度,恢復了晉文公制定的執秩之法,作為晉國的法度,被稱為「范武子之法」。由此亦可見晉國法治的一個矛盾之點,就是要重周禮之尊卑秩序,還是重發展需要的君民一體之法。這一矛盾也是古代法治變革程序中普遍存在的問題。解決了這一問題,法治才能夠具有現實意義。

在晉國與其他諸侯國不斷博弈爭霸的過程中,趙簡之趙鞅登上了歷史舞臺。據史書記載,西元前513年,趙鞅與荀寅鑄刑鼎,向社會公布了由范宣子在趙宣子之法的基礎上擬就的晉國新法,被稱為「范宣子之法」或「范宣子刑書」。其法的具體內容已佚失,但這是中國法治史上第一部從國家總法中分離出來的刑法。這一行為亦引起軒然大波,認為冒犯了周之禮制,是亂法。不過,就當時來看,這樣的事情非晉國首創,在此之前20多年的時候,鄭國子產已經把鄭國之法鑄鼎公示,也引起了一派反對之聲。特別是晉國的叔向認為「民知有闢,則不忌於上」。當時國家的法律是藏於公室祕而不宣的。子產鑄鼎把國家之法向社會公布,不合時禮,亦侵犯了貴族利益,遭到了貴族的反對。趙鞅的情況也如此。但這種做法卻是中國法制史上的

第五節　禮法兼治的舞臺

大事，打破了法在密室，由統治者專擅的陳規，成為向社會大眾公開的國家成文法，代表著周時由禮制向法治的轉變，是社會進步的要求。

韓、趙、魏三家分晉，晉室虛立，拉開了東周之戰國時代。各國適應時代之變革，紛紛改革，各爭其強。三晉國家得風氣之先，據地利之便，對舊制進行變革，其中最重要的是魏國。

魏國的變法主要發生在魏文侯時期。魏文侯支持卜子夏在西河辦學，一時就者如雲，可謂彙集了當時天下英才。魏文侯也以子夏為師，學習儒學，力求致用，任用賢才，加強法治，使魏國的發展走在了各國之先。最重要的是他啟用李悝主持變法，在經濟上調整生產關係，廢除傳統的「井田制」，改進耕作方法，增加農業產量。同時，政府屯購餘糧，遇荒年平價出售，以穩定市場，維護民生，所謂「盡地力之教」與「平糴法」。在政治上，廢除世襲制，平抑貴族豪強，實施「食有祿而勞有功」，鼓勵能人賢士為國效力，任用四方之士，激發了社會的活力。在軍事上建立「武卒制」，考核士兵，獎勵優秀。同時，李悝作《法經》，就魏國之法律事項如懲治盜賊、限制特權等做出具體而明確的規定。儘管《法經》已佚，但其意義重大，一是進一步突破了「刑不上大夫」的宗法制傳統，使法律的公平性得到了更明確的展現；二是更為具體，操作性更為明確；三是對法

第六章　山西地區的貢獻

家思想的形成產生了重要影響,被吳起、商鞅等之後的變法繼承,被韓非加以理論化;四是深刻影響了各諸侯國的改革,各國變法多承魏制;五是對中國法治的發展也產生了重要影響,如漢代法律制度的建設多承秦制,而秦之變法實由魏來等等。

三晉之韓國亦積極推行變法。韓昭侯時,用申不害主持改革。申不害強調發展經濟,促進農業豐收,開墾土地,保持地力,同時變革舊制,強調「循功勞、視次第」,對有功之人給予獎賞,對有罪之人給以懲罰,不能單純視其出生門第。申不害在法治方面循名責實,整頓法令,使民可依,其變法使弱小之韓國「國治兵強,無侵韓者」。

趙國的改革在三晉國家中也非常突出,甚至是力度最大者。趙國初成,趙烈侯用公仲連為相,主持變法,其主要功績是教化民眾,建立選官制度,改善財政。但由於這一改革缺乏創新,未能建立適應戰國爭霸歷史需要的治理體系,成效並不明顯。趙武靈王時,實施胡服騎射,改革兵制,使趙國國力大增,在北部開疆拓土,實施統治。為此,又行郡縣制,任命官員在新拓之地進行治理。總體來看,趙國在三晉國家的變法潮流中,具有突出的代表性。

戰國時期的變法浪潮由三晉而起,波及各國。商鞅曾就學子夏,在魏任職,後至秦,主持秦國變法,使秦制國力得到增強,其本人亦成為古代中國最重要的改革家。楚國任用吳起實

第五節 禮法兼治的舞臺

施變法,國力漸強。吳起亦為子夏之徒,由魏入楚。他們的變法均源於魏制,其中的商鞅強調以法治國,申不害強調君主主術,而另一位法家思想家慎到則強調君主之勢,形成了三晉法家法、術、勢的思想。在三晉法家卓有成效的實踐之上,出現了法家之集大成者韓非。韓非為韓國之人。身處戰國亂世,韓國積弱,韓非希望為韓國的強盛出力。但他卻不被任用,憤而著書,有《韓非子》存世,產生了重大影響。他集三晉法家法、術、勢於一體,總結分析了以法治國的理論,並將辯證法及樸素唯物主義的方法與法融為一體,成為先秦時期法家理論的最高峰,為秦統一六國提供了思想武器,亦為漫長的君主集權制度提供了理論依據。

三晉地區的變法是在周朝禮樂制度的基礎上適應社會發展要求推進的。一方面,晉地由周之宗親所治,屬於周之股肱之地,對周王室的鞏固發揮了重要作用,在社會治理方面遵循周之禮樂制度。另一方面,晉地又具有地理、政治、文化上的特殊性,從一開始就實行「啟以夏政,疆以戎索」的治國方略,並不完全拘泥於周禮,而是根據實際採取相應的措施。這對晉之變法而言,是思想與政治基礎。同時,晉文化中求實求是的特點決定了要國家強盛,必需根據實際採用有效的方法。而春秋戰國,各國爭雄,如果機械地套用周制,國家就得不到發展。在周禮崩壞的情況下,法的意義突顯出來。晉人得風氣之先,

第六章　山西地區的貢獻

大膽創新，積極變革，陸續實施了一系列的新政新法，使國家的實力不斷增強。表面看，三家分晉是晉公室內部衝突的結果，而實際上，更是生產力發展，原有體制難以容納發展要求的必然。分晉之後的三晉，一般而言應為各諸侯國中之小國，但他們奮發圖強、勵精圖治、變革創新，使國力不斷增強，終於在諸侯兼併、弱肉強食的環境下發展壯大，成為戰國七雄之三。七雄雖重，晉有其三，這充分反映出晉地文化具有非常強盛的發展活力，亦是其實事求是、不斷新變的結果。

第六節
科學技術的革命

人類在漫長的發展程序中，不斷實踐，不斷探索，逐步提高了自身的生產生活能力。這種演變的一個極為重要的原因就是勞動技能的提高，或者換句話說就是科學特別是技術水準的提高。

人類最初能夠使用的工具是非常簡陋的，但在當時而言很可能具有革命性。當第一個使用木棍挖掘土地的人出現後，就說明人已經知道了工具對勞動的重要性。今天的人們能夠找到的最早的人類勞動工具，應該是石頭製作的工具，我們稱之為石器。按照一般的研究，人類使用石器的時間非常長，人類物質文明發展階段亦因石器的製作形態與技術不同而劃分為舊石器時代與新石器時代。距今約 300 萬年至距今 1 萬年左右的時間為舊石器時代，這一時期主要以使用打製石器為代表。距今 5,000 多年至 2,000 年左右的時間被稱為新石器時代，這一時期的石器以磨製為主，更為精細多樣，以適應更複雜的勞動。由於各地自然條件不同，發展程序各異，石器的使用呈現出比較複雜的形態，所以這種劃分只是一種大概的約定。人類在進入新石器時代之後，生產力得到較大提高，出現了陶器及早期的

第六章　山西地區的貢獻

冶煉銅器，畜牧業與農業形成，文明的曙光閃射出動人的光芒。

現存石器時代遺址眾多，比較早的如元謀石器、藍田石器，以及後來在周口店、觀音洞等地發現的石器。山西地區發現的新舊石器時代的遺址遍布全省，不僅數量眾多，且文化含量豐富，呈現出完整的序列，可為石器時代的歷史演化提供有系統的實證，其最重要的特點有這樣幾個方面：一是存在時間最早，芮城西侯度為距今 243 萬年左右的遺址，是目前發現的人類最早的舊石器時代遺址之一。二是序列完整，在山西發現了比較典型的舊石器時代遺址，如芮城匼河遺址，距今五六十萬年；臨汾丁村遺址、大同許家窯遺址，距今 20 萬年至 10 萬年；沁水下川遺址、朔州峙峪遺址，距今 3 萬多年至 1 萬多年。新石器時代的遺址更為豐富，特質更具文化含義。三是表現出典型的文化連續性，特別是其中的大石片砍斫器——三稜大尖狀器自成系列，出現在不同的遺址中，顯現出這些石器具有文化上的延續性。四是影響重大，一些石器的製作技術對其他地區，包括海外，具有重要影響，如在許家窯遺址中發現了細石器的雛形，至峙峪終於形成細小石器的代表，並對中國北方、東北亞、日本列島與北美細石器的形成有明顯影響。至新石器時代，特別是以仰韶文化為代表的文化類型，是華夏文明形成的重要文化淵源。

在人類發展過程中，火的發現與使用意義重大。火本來是

第六節 科學技術的革命

一種自然現象,但被人類發現並控制之後,終於成為一種推動人類進步的重要工具。就目前的考古研究來看,最早被認為是人類自覺地使用火的遺存是芮城西侯度遺址的燒骨,這說明距今243萬年左右時,火已經被人類控制,人們能夠根據自己的需求來使用火。在山西地區的其他遺址中也發現了用火的遺存,如匼河遺址中也發現了燒骨。另一個非常重要的現象是水井的出現,水井使人們能夠遠離河流,尋找更適宜的居住地。傳說是黃帝時期「始穿井」,但具體已不可考。目前在考古研究中已經發現有水井的如河姆渡遺址,距今六七千年。山西地區在陶寺遺址中發現了多處水井,這些水井雖然不是最早的,卻是在華夏核心地區中最重要的。史籍有「伯益作井」之說,應能夠與陶寺時期相對應。至少這一時期的打井技術得到了提高與改進。陶器的燒製技術也非常重要。現在我們很難證明是什麼人最早發明了燒陶技術,但典籍中討論認為,所謂陶唐氏就與燒製陶器有關。如果是這樣的話,堯與陶應該有很大的關係。典籍中也有舜陶於河濱的記載,這說明至少在堯舜時期,陶器已經成為較普遍的器具。從考古發現來看,在山西翼城的棗園遺址中,已經有陶壺、陶罐、陶紡輪等陶製工具,時間距今7,000年左右。這一時間應該比黃帝時期還要早。

　　石器的進步使人類掌握了更多更有效的勞動工具。火的發現使人類掌握了更為重要的技術,走出了茹毛飲血的野蠻狀

第六章　山西地區的貢獻

態。水井、陶器的出現使人類能夠離開河流，在廣闊的土地上尋找居留地。這一切都促進了生產力的進步，曾經的以狩獵、採集為主的生產方式發生了變化。生產力的發展也使人口得以增加，人們需要有更多的食物來滿足生活所需，於是出現了以種植為主的農業。農業的發展為文明的形成奠定了最堅實的基礎。儘管從目前的研究來看，典籍記載與考古發現之間還不能完全一致，但至少能夠為我們的討論提供更多可靠的證據。傳說中的炎帝嘗百草、教稼穡是在種植農業形成的原始時代。從考古發現來看，沁水下川遺址中已經發現了石磨、磨棒及石鐮、石刀等農業生產工具，在後續的發掘研究中也發現了植物種子。說明在距今兩萬多年的時期，太行山南部已經出現了農業的早期形態，這種農業可能更側重於採集。大約同時期的吉縣柿子灘遺址中發現了十餘件石磨，在其表面存有野生植物的種子澱粉顆粒，其中大多為黍亞科與植物根莖，這些發現說明了農業由採集向種植的演化。在距今五六千年的夏縣西陰村遺址中發現了粟黍的炭化物及大量用於農業生產的石器工具，顯現出從耕作至收割的農業生產的完整過程，證明這一時期的種植農業已成為最重要的農業生產活動。這些均說明山西地區是農業由採集向種植轉變的重要地區，亦是粟作農業的重要發源地。之後，農業生產技術不斷進化，商周時期已經出現了以井為中心的灌溉系統，出現了「拋荒制」種植法，以及選育優種耕種以提高產量的技術。戰國後期，主要的鐵製農具已經出現，

第六節　科學技術的革命

在山西各地的遺址中均發現了相關資訊，特別是精耕細作的農業形式出現並逐漸形成傳統。種植技術的進步在秦漢時期表現得尤為明顯，牛耕、風車、磨坊等已經普遍使用。農業的發展也促進了農業科技的研究與進步。宋時，在絳州（今新絳一帶）出現了用馬壁水淤田的現象，被稱為「淤田法」，引起王安石重視而被推廣。元時，出監壽陽郡的畏兀兒人魯明善撰有《農桑衣食撮要》，按月分列舉每月農家之事，是當時最重要的農學著作。清時，壽陽人祁寯藻著有《馬首農言》，是對晉地太行山一帶農業生產與社會生活的紀錄，涉及地勢、耕作、水利等諸多農業技術，是清末一部極為重要的農學著作。曾任山西巡撫的吳其濬著有《植物名實圖考》，是中國歷史上收錄植物種類最多的植物學著作，被認為展現了中國古代植物學的最高水準。

　　與農業生產關係密切的是天文學與水利工程，因為人們需要觀察天象來安排農業生產。古代天文學極為發達，據說由先秦時期史官修撰的《世本》中已經記載了黃帝使羲和占日、常儀占月、臾區占星氣的歷史。這些記載說明至少在黃帝時期已經有了對天文學的研究。《尚書·堯典》記錄了堯時觀天測象、敬授民時的現象。在陶寺遺址發現的天象臺，為目前人類發現的最早的天文觀象臺。當時人們掌握的天文現象在很多方面已經非常接近現代，是天文學極為重要的奠基性研究成果。三晉地區曾湧現出許多極為重要的天文學家。據說箕子曾在陵川的棋

第六章　山西地區的貢獻

子山上仰觀天象。《晉書》中記載卜偃及魏趙等地均有專門的人士「掌著天文，各論圖驗」。魏國的石申夫在西元前 4 世紀已經制定了中國最古老的星表「石氏星表」，能夠表現出太陽每日向東移動一度，一個回歸年的長度為 365.25 度，開中國周天制度的先河。石申夫著《天文》8 卷，被後人譽為《石氏星經》，其中表現了至遲在戰國時期就開始採用赤道座標來記述天體的運行及方位。這一時期，山西地區也出現了一些關於宇宙模式的研究成果，最著名的就是魏國尸子關於宇宙內涵的闡釋，所謂「四方上下為宇，往古來今為宙」。他並且認為時間與空間都是相對的、變化的。趙國的慎到也提出了一種在當時來看實為全新的宇宙模式，他認為「天形如彈丸，半覆地上，半隱地下，其勢斜倚」。這種所謂天體是渾圓的概念是人類宇宙認知史上的一次巨大飛躍。

北魏時期，政府整合專人整理各種星經，集為 55 卷。著名的鮮卑族天文學家斛蘭主持鑄造了中國歷史上唯一的一臺鐵製渾儀，一直使用至唐中葉。上黨長子人李業興先後制定了《戊子元曆》、《戊子曆》及《甲子元曆》與《九宮行棊曆》。五代時，定居太原的馬重績新造《調元曆》，融合了西域天文學之理論，具有重要影響。宋元時期是科學技術新的繁盛時期，這一時期的晉地之學者在天文曆法方面貢獻頗多。宋時，晉城人劉羲叟精通曆算，編撰了《新唐書》中的〈曆志〉5 卷、〈天文志〉3 卷、

第六節　科學技術的革命

〈五行志〉3 卷，以及《新五代史》中的〈考天司〉1 卷，此外還著有《劉氏輯曆》等多部重要著作。平定樂平（今昔陽）人楊雲翼為金時曆算家，著有《五星聚井辯》、《懸索賦》、《勾股機要》、《象數雜說》等。河中人苗守信著有《乾元曆》9 卷等。

與天文學緊密相關的是地理學與數學。春秋時期，四則運算在晉地已經非常普及，成為普通民眾日常生活的常識。西晉時聞喜人裴秀著《禹貢地域圖》，繪製《地形方丈圖》，成為中國古代地圖學的奠基人。特別是他提出的「製圖六體」，具體明確了繪製地圖的六條原則，即分率、準望、道里、高下、方邪、迂直。其中的「分率」要求設計經線與緯線織成之方格網與比例尺，以辨識四方與遠近。「準望」則要求透過準望北極星來確定地圖的方位，為以北為上的製圖法則之始。至宋，山西平陽人蔣周精通心算，著《益古集》。金時，出現了劉汝諧、李德載等數學家。劉汝諧為平水（今臨汾）人，著有《如積釋鎖》；絳（今新絳）人元裕著有《細草》。這些著作與《益古集》均為討論天元術，也就是解方程的算術。亦因他們著作的存在才使後人了解了當時天元術的基本理論。而平陽（今臨汾）人李德載是當時數學領域天元術向四元術，也就是開四次方程算術演進過程中一位極為重要的代表。此外，蔣舜元著有《應用演算法》，王翼著有《算術》等，皆為當時十分重要的數學著作。

明清，山西地區出現了一個數學興盛的時期。在光緒時的

第六章　山西地區的貢獻

《山西通志》中就提到了近 30 位數學家。如陽城王國光、屯留申九寧、壽陽袁萬里、榆次董化時等。而最具影響的是明時汾陽王文素，著有《新集通證古今算學寶鑑》，簡稱《算學寶鑑》，共 42 卷。王文素出身晉商之家，隨父經商，矢志數學，用 30 年時間著成此書，為數學中之純粹而精益者，成中國古典數學之鉅著，所謂循九章之古制、承宋元之先河，選精集萃、博古通今，為當時數學之最高水準。他在 16 世紀時已發現導數。在國內數學界，其數學理論亦早程大位半個多世紀。在數學領域，傅山幫助晉商建立了一套簡單明瞭的商業會計法「龍門帳」，初步奠定了會計學的基礎。清時，陽城人張敦仁著有《輯古算經細草》3 卷、《求一算術》3 卷、《開方補記》8 卷，其數學成就主要表現在對天元術與求一術的研究方面。另一位重要的數學家是垣曲人安清翹，先後撰有《數學五書》、《數學指南》、《幾何原本補正》、《周易比例》等。其《數學五書》對割圓術的計算有很大的改進。世界上有明確記載的地震是《墨子》所言之舜時的蒲坂地震，平陸季元瀛以基本統計學的方法推算出大地震發生的週期，以及氣象、動物等與地震的關係，著有《地震記》，對地震之規律進行了客觀的推斷與總結。

　　與農業發展緊密相關的是水利技術。傳說中有許多關於大禹治水的記載。被視為治水英雄的，還有一位是臺駘，他生活的時代大約在黃帝之後、大禹之前。其主要功績是疏導汾河、

第六節　科學技術的革命

洮河，修築堤壩以治理水患，由此被尊為汾水之神。臺駘的治水活動，規模應該比禹小很多，只是區域性的，但也為之後鯀、禹的大規模治水打下了基礎，是中國治水活動的先驅。

隨著社會生產力的發展，人們對生產生活的需求不斷增加，需要更多的土地用於種植，治水成為改善生產活動、提高生活水準的重要任務，山西地區的水利工程日漸增多。周時，典型的水利工程已經出現。趙、魏等國均在黃河沿線或其他地區修築堤壩，建設灌溉系統。

其中晉陽的智伯渠、魏國的漳水十二渠、韓國水利工程師鄭國為時之秦國設計開鑿的鄭國渠都是當時非常重要的水利工程。漢時，河東太守番系集結數萬人修建田渠，以河汾之水灌溉晉西南之地。曹魏時期，在沁水修築了石門渠等等。據史料記載，隋唐時山西的水利工程數目眾多，規模浩大，大約有32項，最具影響的如在汾河上興建渡槽於晉陽城之中城，引晉祠甘水入城，並跨河進入東城，使晉陽城形成了「三城相連，一水中分」的格局。元時在山西開鑿了利澤渠、善利渠、大澤渠等。這些水利工程的實施，極大地改善了農業生產條件，促進了經濟社會的發展。

山西還湧現出過大批的治水專家，他們在全國各地修築水利設施，產生了極為重要的影響，最著名的要數都江堰的修築。戰國時期，李冰被秦昭王任為蜀郡太守，徵發民工在岷江

第六章　山西地區的貢獻

流域興辦水利工程，極大地改善了這一帶的生產條件。其中的都江堰工程 2,000 多年來一直發揮著重要的作用，不僅解決了岷江氾濫成災的問題，亦灌溉了兩岸沿江 300 多萬畝土地，使成都平原成為沃野千里的天府之國。李冰之籍貫史少記，但據近期的研究，被認為是山西運城人。他精通天文地理，勤於任事，長於研究，解決了許多水利工程中的技術問題。除都江堰外，李冰還主持修築了汶井江、白木江、洛水、綿水等地的灌溉航運工程，並修築了許多索橋、鹽井等，開通了雅安至雲南的五尺道，後積勞成疾病逝於四川什邡洛水鎮的水利工程期間。李冰鞠躬盡瘁，死而後已，為後人敬仰，是中華民族精神的典範。

元時，晉高平人賈魯受命治黃，徵集民工 17 萬，用半年時間使氾濫的黃河水回歸故道。賈魯著有《至正河防記》，介紹了「有疏、有浚、有塞」的治水方略，是中國第一部實用的水利工程著作。明時，山西夏縣人藺芳任工部都水主事，開通會通河，提出治水之「分流論」；沁水人劉東星任工部右侍郎兼右僉都御史，總理河道與漕運，先後主持了開趙渠、通邵伯，界首二湖之河渠，開徐州至宿遷一帶之漕運及連淮河與海河之漕運的加河，其主持的工程艱鉅而費用極省，所為必親歷，終積勞成疾逝於治河之所。清時，興縣人孫嘉淦提出開減河引水的治水方略，透過開分洪道來減輕水患。吉縣人藺第錫主持參與了

第六節 科學技術的革命

許多重要的水利及河防工程,著有《永定河志》、《治河摘抄》、《南河成案》等水利著作,所創碎石護岸技術是河防史上的重大創舉。另一位興縣人康基田,先後在江蘇、廣東、河南等地主持水利工程,著有《河防籌略》、《河渠紀聞》等著作,有「束水攻沙」、「放淤治堤」之治水理論。渾源人栗毓美,長期主持黃河中下游水利工程,著有《治河考》、《磚工略》等,創造「拋磚築壩法」,為中國治河史上一項極為重要的堤防技術,其所築之堤壩在民國年間仍然使用。栗毓美治水親力親為,勤勉謹敬,家無餘財,事必所成,被譽為「河臣之冠」,終累逝於任上。

這些治水英傑不僅長於施工,且多有理論建樹,他們視治水為志業,勤勉敬業,有大禹之風,對社會生產的發展、國家治理的改善、民族精神的弘揚發揮了極為重要的作用。

隨著農業生產的進步,社會財富得以累積,以手工業為主的工業生產得到了發展。大量的考古研究發現,至少從仰韶文化中已經能夠看到專業作坊出現,一些規模頗大的工業生產如青銅鑄造業得以發展。

大約距今6,000年的夏縣西陰遺址中發現了一枚被人工切割過的蠶繭,專家研究認為,這種經過加工的蠶繭應該代表著蠶絲業的發展。特別是在西陰遺址中還發現了許多陶紡輪與石紡輪,以及骨錐等紡織器具。結合西陰附近的考古發現,以及關於黃帝之妻為西陵氏之嫘祖的傳說,專家認定在西陰文化時

第六章 山西地區的貢獻

期,這一帶已經發展出了比較成熟的養蠶與絲織業。但在早於西陰文化大約 1,000 年的時候,翼城棗園等遺址中也發現了陶紡輪與許多帶有布紋印痕的陶缽,這說明在距今 7,000 年左右的時期已經出現了比較發達的紡織技術。儘管還不能斷定這些紡織品是絲綢,但可以肯定的是這一時期的織布技術已經形成。秦漢時期,紡織技術得到較快發展,在平朔漢墓群等遺址中發現了殘破的絲織片。北魏時期,手搖的繅車與紡車得到推廣,腳踏紡車得到了較多使用,多綜多躡花織機也進行了技術改造,提花技術得以普及。隋唐時期,山西的紡織業也極為發達,是當時的紡織中心。宋元時期,山西官府紡織作坊很多,遍布全省。萬泉(今萬榮)人薛景石著有《梓人遺制》,介紹了羅機子、華機子、立機子、小布臥機子等,為古代重要的科技著作。明清時,山西與江南、四川為全國三大絲織產區,尤以潞綢最負盛名。在太原、榆次一帶,棉織業得到較大發展,榆次大布十分著名,被銷往西北各地。

製陶技術的出現對人類的意義重大。山西應該也是陶器的故鄉,這裡發現的最早的陶器在翼城棗園遺址。隨著技術的進步,燒製方法不斷改善,據考古研究,在晉南各地發現了許多陶器與陶窯,可以證明燒製技術的進步,如快輪製坯代替了手工製作,陶窯結構也發生了改變,斜穴窯代替了橫穴窯。至西周時期,出現了燒製的釉陶,而石灰釉的使用亦使陶瓷技術

第六節　科學技術的革命

得到了明顯提高。在侯馬發現了東周時期的燒陶窯址，其窯密集，規模較大，不僅製作生活用陶，還發展到建築用陶等領域。在一些窯中還發現了陶爐條，顯現燒製技術得到了進步。至秦漢，建築用陶占據了製陶業的較大比例，冶鑄用陶也比較廣泛，特別是磚瓦的燒製比較發達，成為官府重要的手工業部門。在技術上，鉛釉陶出現，琉璃瓦被廣泛使用，山西成為琉璃藝術之鄉，是中國最重要的琉璃生產地。隋唐時期，陶瓷業進入瓷器階段，特別是唐三彩的出現影響重大。考古發現山西一帶的唐代窯址有數十處之多。宋元時期，在太原設有官窯。金時山西境內的大小窯址有60餘處，據載，太原一位瓷器專家陳格發明了似年輪的木理紋瓷。燒製技術在此時亦有新的發明，出現了「覆燒法」與「火照」。元時山西的琉璃生產極為重要，琉璃被大量用於建築裝飾，如運城之永樂宮。元大都之興建，由山西籍趙姓匠師主持了燒製琉璃的官窯，在大都形成了琉璃製造工藝的山西系官式做法。

　　單純就考古發現而言，陶寺遺址的青銅器是比較早也比較集中的。此前各地發現的時代較早的青銅器物不僅少，且非常分散。從典籍記載來看，《史記》中已有黃帝「採首山之銅」的說法。這裡的首山就是首陽山，在河東之永濟西南，為中條山一脈。而晉南恰是銅鐵礦藏十分豐富的地區。神話中也提到蚩尤有銅頭鐵額，應該是蚩尤部族掌握了銅鐵鑄造技術，使用了

第六章　山西地區的貢獻

銅鐵護面等金屬器具。這些記載似乎在說明晉南地區已經出現了比較成熟的鑄銅以及鑄鐵技術。同時，在晉南一帶也發現了許多銅礦與鑄造遺址。這些均可證明青銅製造技術即使不是起源於晉南一帶，至少在這一地區也得到了快速發展，並使晉南一帶及其出產青銅器成為中國青銅製造的重要基地與代表範型。儘管對於中國的鑄銅技術是不是從中亞傳入還有不同觀點，但至少很可能在傳入中國內地，特別是中原地區之後，其鑄造技術發生了飛躍。美國著名的東方學家拉鐵摩爾（Owen Lattimore）就在其《中國的亞洲內陸邊疆》（Inner Asian Frontiers of China）中討論了這個問題，他認為農業經濟的特別發達造成了社會的分化，這種社會形態雖然不能獨立地發現金屬品的使用，卻可能從別的地方學到原本簡單的技術，並迅速地改造提高。從陶寺發現的青銅器來看，已經出現了複合範鑄造技術。其證據就是一件銅鈴。因而，這裡的青銅器也被專家認為是首開東亞大陸利用陶質複合範鑄造空腔器物和容器的文化傳統之先河（許宏：《東亞青銅潮：前甲骨文時代的千年變局》，生活‧讀書‧新知三聯書店，2021年，第32頁）。此外，在陶寺發現的齒輪形器與銅璧形器顯現出極為標準的設計與相應的鑄造水準，為之後的規模化與標準化鑄造奠定了基礎。在絳縣古絳鎮西吳壁，考古學家發現了夏商時期的冶銅遺存，其中最具典型性的是冶銅爐。在中條山腹地及周邊地區，發現了幾十處銅礦及冶煉遺址。在晉國墓葬中發現的車馬坑中的戰車，其車輪就

第六節　科學技術的革命

具有統一的規格,顯現出生產的工業化模式。而在今之侯馬發現的晉國鑄銅遺址,其規模之大、生產流程之完善,以及遺存的陶范之豐富可謂蔚為大觀,證明在山西存在著高度發達的鑄造技術與生產規模,這一遺址也是目前發現的中國唯一一處保存有完整鑄造流程與工藝的鑄銅遺址。荀子曾在其著作中描述「刑範正,金錫美,工冶巧,火齊得」,應該是對當時青銅鑄造技術的高度概括。

　　山西也是中國最早出現人工冶鐵的地區之一,靈石旌介商墓中出土了鐵刃銅鉞,被認為是最早的隕鐵製品。雖然還不能確定這就是最早的鑄鐵成品,但至少可以證明在大約西元前14世紀的時候,中國已有鐵製品出現。大約西元前6世紀的時候,中國人發明了液態生鐵冶煉技術,能夠使鐵礦石源源不斷地變成鐵製品,全面更新了生產工具。這種技術比歐洲早2,000年左右。《左傳》記載了范宣子鑄刑鼎的史實,這裡的鼎反映了晉地鑄鐵技術的進步。春秋時期,晉地鐵器的使用極為廣泛,常用的工具如钁、鏟、刀、钁、斧、鐮、鋤、犁等均為鐵製品。秦漢時,山西很多地區如左雲、襄汾、夏縣等地出土了鐵器,顯示這一時期已經出現了鍛鐵技術,使用了化鐵爐及澆灌技術。北魏時期,兵器生產成為晉地最重要的手工業部門,太原、盂縣等地是重要的兵器生產基地,灌鋼、炒鋼與百鍊鋼技術出現。隋唐時期,晉地金屬製造技術得到了快速發展,最典型的

第六章　山西地區的貢獻

製品如當時的銅鏡、剪刀、錢幣，特別是黃河蒲津渡的鐵牛等。杜甫曾有詩云「焉得并州快剪刀，剪取吳淞半江水」，可見當時太原所產剪刀影響頗重。在 8 世紀時，唐之官營鑄錢爐共 99 個，山西絳州就有 30 個，絳州是當時的鑄幣中心。這一時期青銅合金中鉛與錫的比例加大，所鑄銅鏡更為光滑。據說發明於春秋的失蠟法鑄造在唐時得到廣泛使用。宋元時期，「河東民燒石炭，家有橐冶之具」，說明這一時期冶煉業已經非常普遍。山西也是宋之四大鐵礦中心之一，亦為當時之鑄造鐵錢的中心之一，在晉州即今臨汾與澤州都設有鐵錢監，在太原設有河東監。在大同雲岡石窟窟頂發現了遼金時期的鑄造工場，其中有鑄造井臺及 30 餘座熔鐵爐遺址，是為目前國內保存最完整的遼金鑄造工場。明清時期開始使用焦炭冶鐵，創造了地下土圓爐鍊鋼法，這些技術推動了機械製造業的發展。長治一帶的「潞鍋」非常有名，大同、臨汾等地生產的「紅夷炮」、「牛腿炮」、「萬曆炮」、「崇禎炮」等大型火器威力極大。由應縣工匠師翱所製之銃可連擊三發，射程在 300 公尺外，這也是中國歷史上最早的輕型自動火器。

　　手工業的進步還展現在許多方面，這既與技術的進步有關，也與特定地區的物產有關。從某種意義來說，河東鹽池是中華民族之血，它天然生成在中條山腳下，在南風到來時自然形成可供人們食用的鹽，人們不需要藉助複雜的工具與技術就

第六節　科學技術的革命

可以採集。這為占有鹽池的族群提供了寶貴的策略資源。至唐時，山西出產的鹽產量高、獲利厚，製鹽技術也發生了變化，出現了墾畦澆晒法。宋時，墾畦達成了耕田化，可在眾多的鹽池間實現輪作。清時，人們創造了打井澆晒法，出現了熬製土鹽的方法。山西的地下資源非常豐富，在沁水下川遺址中已經發現了石炭，距今 1.6 萬餘年，在夏縣禹王城的冶煉手工業遺址中發現了炭灰粒，在長治分水嶺戰國墓葬中發現隨葬銅器被煤炭壓碎的現象，在平朔漢墓群中發現了積石積炭墓，大量的考古發現證明，至少在 1 萬多年前，山西一帶已經開始了對炭的使用，至少在戰國時期，這裡的人們已經開始用炭來冶煉銅鐵。漢時，晉地之銅礦開採由政府管理，這一方式一直延續下來。北魏時期，大同一帶以及晉南地區多有銅礦。隋唐時期，山西冶鐵工場占全國百分之三十多，絳州為最大的產銅地。這一時期，中條山拉開了大規模開採銅礦的序幕，對煤炭的開採也進入了比較普遍的時期。太原之西山附近曾發現了一批唐宋時期的古窯，稷山馬村金墓中有堆積的煤與焦炭。至明清，煤炭的開採規模及技術均有很大的進步，基本形成了早期礦井的形態。明初，全國有官營鐵冶所 13 處，山西即有 5 處。德國學者李希霍芬（Ferdinand von Richthofen）曾言，在歐洲的進口貨沒有進入前，有幾億人是從鳳臺即今晉城取得鐵的供應的，晉城大陽生產的針供應了這個國家的每一個家庭。

第六章　山西地區的貢獻

　　農業的進步推動了手工業的發展,亦帶動了技術的進步,社會財富進一步增加,人類的居住條件逐漸發生改變,最重要的是出現了城。在山西已經發現了能夠反映出人類居住不斷進步改善的完整線索。據傳說,呂梁石樓的石樓山即為有巢氏的棲息地,這時人類開始在地面搭建簡陋的巢穴。在很多地方如芮城東莊、婁煩童子崖、翼城北橄等地發現了早期的房屋遺址,多為土木結構,是中國建築的基本類型,亦有地穴式房址,這種建築遺址延續至今仍在使用。最重要的是在陶寺發現了距今 4,500 年左右的都城,其面積有 280 萬餘平方公尺,是目前發現的最早最大的典型城市遺址之一,其中的城牆、城闕、甕城均顯現這一都城規模浩大。都城中存留的文化元素極為豐富,是華夏文明形成的典型例證。在更多的地方,如夏縣東下馮遺址中發現了應該是夏代之城市遺址;在垣曲發現了商代城址,被認為是古史傳說中「湯始居亳」的亳;在侯馬一帶發現了晉國新田古都。這些城不僅具有歷史意義,亦表現出建築技術與城市設計規劃的不斷進步。最具代表性的是由晉國工程師士彌牟規劃設計的洛陽西周之成周都城,這是中國建築史上具有重大意義的創舉。

　　北魏時平城是中國城市建築的典範,該城在漢平城基礎上擴建,有宮城、外城、郭城三重城垣,在其四方又建有四宮,同時引渾水及其支流武川水穿城而過,是中國古代引水穿城規

第六節 科學技術的革命

劃理念的肇始。整個城市規制,三城相套、四宮相護、一水而過,十分罕見。唐時最典型的城市是晉陽古城,該城始建於春秋,唐時達到巔峰,由東、中、西三城組成。汾河東岸建有東城,與之相連為中城。中城橫跨汾河,連結東西兩城。西城建於汾河西岸,城內建有宮城、新城、倉城。三城成「品」字形結構被城牆環護,汾河水穿中城南北延展。同時,修晉渠引晉水入西城過中城至東城。整個晉陽古城裡三城外三城,三城相連;城中有城,城外連城;一水相連,跨河成城,為中國建城史上極具特色的典範。明清時期城市建築的範例是平遙古城,該城始建於周,重建於宋,擴建於明,續建於清。其設計展現中國傳統文化理念,參照儒家思想與體制,顯現出建築與哲學、人文與天文、現實與理想的高度統一,為聯合國教科文組織確定的世界文化遺產,是明清時期中國城市建築的經典之作。

　　山西各地之古代城市各具風貌,民居建築也頗具特色,目前存留最早的為元代建築,現在能夠認定的有7處,分別為晉城高平中莊村與西窯頭村姬氏民居、南楊村賈氏民居、北詩鎮元代民居大門與陽城上莊村下圪坨院「一院三座」元代民居。此外,山西仍然存有非常豐富的古堡建築,如介休張壁古堡、沁水湘峪古堡、陽城潤城古堡等。在陽城還存留有清時皇城相府民居,呈城堡式建築。而散布各地的大院各有千秋,著名的如喬家大院、王家大院、渠家大院、常家莊園等。相應地,山

第六章　山西地區的貢獻

西也是存留古村落最多的地區。古代中國，多種因素的作用，出現了修築環護某一地域之長城的文化現象。最早的長城為戰國時代的三晉之韓趙魏所築，它們地處黃土高原，與北方游牧族群相鄰。與其騎兵相比，韓趙魏三國之車步兵處於移動、衝擊等諸多方面的弱勢，而修築長城一個最明顯的效應是能夠阻擋騎兵的突襲。之後基本上可以說歷朝歷代山西一帶均建有長城。山西存有不同時期、不同修建目的與形制的長城 2,500 餘公里。至明時，山西境內的長城已蜿蜒千里，縱橫交錯，蔚為大觀，山西成為長城資源最為集中也最為豐富的地區，其中的雁門關、寧武關、娘子關、平型關等不僅在軍事上具有極為重要的策略地位，在古代建築中也具有典型的代表性。

　　山西是中國古代建築的博物館，這些古代建築不僅數量龐大，且類型多樣、品質卓越，很多古建築具有獨特的文化意義。首先是各種寺廟宮觀，在山西各地均有許多，如大同周邊、五臺山、太原，以及晉南、晉東南等地均存有豐富的極具文化意味的相關建築群。五臺山佛光寺、南禪寺，芮城廣仁王廟，平順天臺庵四處，是中國目前存留最具代表性的唐代地面木建構築。大同渾源的懸空寺最早建於北魏太和年間，距今約 1,500 年，現存為明清兩代修繕的遺物。整個建築以半插橫梁為基礎，形成完整的木質框架結構。其選址之險、建築之奇、結構之巧世所罕見，被譽為把力學、美學、宗教融為一體的傑

第六節　科學技術的革命

作。應縣木塔,即佛宮寺釋迦塔,建於遼清寧二年(西元 1056 年),為中國現存唯一最古老最高大的木塔。中國現存宋遼金及其之前的地面木建構築,山西有 75% 以上。

道路橋梁的建築在山西也有非常重要的遺存。永濟古蒲津渡鐵索浮橋為唐時遺構,其橋錨為由生鐵鑄造的鐵牛、鐵人等。該橋設計非凡,是中國古代橋梁技術、鑄造技術、雕塑技術有機融合的典範。建於宋代的晉祠魚沼飛梁橋,四面通岸,形似飛燕,造型優美。明清時期存留之橋較多,以晉城之迎旭橋、襄汾之通惠橋、平遙之惠濟橋、大同之普濟鐵索橋,以及右玉萬全橋等為代表。在黃河沿岸的山西地帶,還發現了許多古棧道,如平陸三門一帶的黃河棧道,依山開鑿,插以木梁,梁上鋪板,形成道路。據發現的棧道巖壁中東漢建武十一年(西元 35 年)時的題記,研究者認為這些棧道至遲應該在西漢時期已經開始使用,而在唐時開鑿尤巨。

山西之園林建築也佳作多多,許多古城、大院都配有園林。除晉祠外,絳州古衙後面的絳守園池距今已有約 1,400 年的歷史,是中國現存最早的有記載的古代園林建築。絳園把江南園林特色引入北方,展現了天地人渾然一體、自成一格的理念。在山西也存留有眾多的古戲臺,據統計有 3,700 餘座,其中最古老的戲臺為金元時期所建。如高平寺莊鎮王報村二郎廟金代戲臺就是中國發現最早的木構戲臺,臨汾魏村牛王廟戲臺是

第六章　山西地區的貢獻

中國現存最早的元代戲臺。

與人們日常生活有關的技術發明在山西也非常多，這些技術極為重要地影響了人們的生活，改善了人們的生存條件。如木製漆器是中國最重要的發明之一。在陶寺遺址中已經發現了漆器，說明至少在距今四五千年的歷史時期，漆的使用已經處於比較成熟的階段。春秋時期，漆器已經發展到比較繁榮的階段。至漢，其產量與規模、技術均出現了飛躍，已經開始使用油類滲入漆中，以增加漆器的光滑度。這一時期，漆器的裝飾技術也得到了較大的發展，主要有鑲嵌、螺鈿、金銀平脫、扣器、堆器與戧金等。山西地區的釀造技術也出現很早。在仰韶文化遺存中發現了大量的小口尖底瓶，這成為仰韶文化的重要代表。有研究者認為，這種形制特殊的器皿就是用來發酵液體飲料。也有人將這種瓶的出現視為酒的出現之佐證。史籍中記載的酒類產品，僅《齊民要術》中就有 40 餘種，其中出產於永濟的桑落酒最為知名。芮城被稱為「仙酒」的酒也極負盛名。北齊時，汾酒被稱為「汾清」，已經受到人們的喜愛，莫不以爭先一酌為快。有研究者認為，汾酒源於 2,000 多年前的黃酒，亦被稱為「羊羔酒」、「汾州乾和酒」等。至唐，汾清之製法從過濾轉變為蒸餾，此亦在《天工開物》中有較為詳細的記載。北魏時，山西地區已經出現了葡萄酒。唐宋時期，晉地之葡萄酒極具盛名。明清時期，山西地區的釀酒業得到了較快發展，各地均辦

第六節　科學技術的革命

有釀酒作坊。與酒相伴的釀造產品是醋，周時已有專人在貴族家庭中負責製醋。《周禮》中設有醯人一職，負責食物之調料製品，其中包括醋與醬等，以供祭祀與接待賓客。醋不僅是一種調味品，同時也具有藥性，可用來消毒。晉地醫藥之業在歷史上占有重要地位，傳說炎帝嘗百草以救民，似可視為最初的醫藥事業。在陶寺等地的住宅遺存中發現了石灰、炭灰等用來裝飾或鋪陳，說明人們已經能夠採取相應的措施來預防疾病的出現。《呂氏春秋》中記有陶唐時民「筋骨瑟縮不達，故作為舞以宣導之」。晉國遷都，人們認為郇瑕氏之地土薄水淺，易染疾病，故決定將國都遷往新田。明時，太谷創辦廣盛藥店，用宮中祕方製龜靈集，清時又製定坤丹。傅山為明末清初之醫學泰斗，在中醫理論與實踐中有眾多的建樹，著有《大小諸證方論》等，特別是他的專科著作《傅青主女科》、《傅青主男科》等影響深遠，至今仍然為專科所學之必讀之作。

　　山西的造紙業亦極發達。北魏時，山西是中國北方的造紙中心。隋唐時，山西的造紙技術得到發展，出現了加工染色的紙張，蒲州所產之百日油細薄白紙為貢紙。宋金時期，晉南為全國紙張的生產中心，亦為最重要的印刷中心。稷山所造之竹紙、平陽（今臨汾）所產之麻紙遠近聞名。平水版木刻及所印之書籍影響廣泛，平陽為金時四大刻書中心之一，平陽一帶書局多有精品流傳。據說在甘肅發現的南宋時期平陽木刻年畫〈隨朝

第六章 山西地區的貢獻

窈窕呈傾國之芳容〉，亦稱「四美圖」，所刻為王昭君、趙飛燕、班姬、綠珠四大美女，其線條流暢細膩，構圖豐滿華麗，一派清穆之風，為目前收藏的最早的木刻年畫。《趙城金藏》由宋時潞州（今長治）崔法珍高士斷臂募化，歷數十年終在金時於解州（今運城市鹽湖區解州鎮）之靜林山天寧寺刻成，用 30 年完工，後藏於趙城（今臨汾市洪洞縣）廣勝寺，為中國宋代第一部木刻版大藏經《開寶藏》的覆刻本，共 682 帙、6,980 卷、6,000 多萬字，彙集佛經、史料，其字形剛勁、雕刻工整、紙質優良、印刷清晰，今存 4,000 餘卷，全世界僅此一部，可謂稀世瑰寶。

第七節
文學的沃土

　　隨著社會生產力的發展、文字形系的完善以及書寫工具的進步，人們有更多的可能把自己的思想、感受記錄下來，我們也因此有可能更具體地了解到歷史演進中文學的基本樣貌。這對於人類而言，是一件非常大的幸事。據傳說，在伏羲時代已經出現了文字，伏羲氏曾作〈駕辨〉、〈綱罟歌〉等，但已不可考。炎帝時作有〈扶徠歌〉、〈豐年之詠〉、〈蠟辭〉等。黃帝時代，據說已經出現了〈雲門〉、〈大卷〉等樂舞。但今天我們已經不可能看到當時樂舞演出的盛況。如果那一時期的樂、舞、詩為一體之作，〈雲門〉、〈大卷〉等就應該包含了詩的內容，不過亦不可考。據說這一時期還有〈渡漳歌〉、〈鐃歌〉、〈金人銘〉、〈梱鼓之曲〉等。之後，歷代均有相關作品出現。按照通常文學史的介紹，今天我們能夠看到的最早的文學作品之一，是堯時的〈擊壤歌〉，這首詩不僅時代久遠，而且非常典型地展現了中國詩歌的基本審美特色──人與自然的統一、對現實生活的表現、情感與理念的相融、意象與比興的共存、道德教化的展現等等。這似乎成為中國詩歌的基本規範，應該是今天我們能夠看到的最早且最具代表性的文學作品。

第六章　山西地區的貢獻

據說〈擊壤歌〉所描寫的生活就發生在今山西之臨汾。堯時的文學作品似應更多,比較著名的還有〈康衢謠〉、〈堯戒〉等。史籍有堯作〈大章〉、舜作〈大韶〉、禹作〈大夏〉的記載。至舜時,〈南風歌〉傳世,以南風吹過中條山而古鹽池開,可解民之慍、阜民之財,表達了舜對民生的關切。〈卿雲歌〉則表達了上古先民對美德的崇尚,以及聖人治國的政治理想。此外還有〈股肱歌〉、〈載歌〉等。傳說舜曾命禹作〈九招〉。禹時有塗山氏作〈候人歌〉,表達其對丈夫大禹的思念。這些作品因其代表人物多以晉南一帶為主要活動地,故至少可視為與山西有關的文學創作。

先秦時期中國文學集大成者為《詩經》,這是中國第一部詩歌總集,具有劃時代的意義,代表著中國文學步入成熟的階段,亦展開了中國文學能夠以文字記載的新時期,對後世產生了深遠影響。《詩經》共收錄西周初年至春秋中葉的詩歌311篇,其中的6篇為笙詩,有題無文。其作者多無考,傳為尹吉甫采集,孔子修訂,子夏所記。今本為毛詩,為趙人毛亨、毛萇所傳授。這部詩歌總集分〈風〉、〈雅〉、〈頌〉三部分:〈風〉為周時各地之歌謠,計有十五國之風;〈雅〉為周之正聲雅樂,分〈大雅〉與〈小雅〉;〈頌〉是周王室與貴族祭祀之樂歌,有〈周頌〉、〈魯頌〉與〈商頌〉。其中的〈風〉收錄了包括〈魏風〉、〈唐風〉在內的十五國民間歌謠。古魏與古唐均在今晉南一帶汾河流域,

第七節　文學的沃土

故這些歌謠可視為山西地區的詩作。其中〈魏風〉7篇、〈唐風〉12篇，如〈園有桃〉、〈十畝之間〉、〈伐檀〉、〈碩鼠〉、〈蟋蟀〉、〈山有樞〉、〈揚之水〉等均為名篇，影響廣泛。由於《詩經》所收之作對現實生活的反映極為深刻，被視為是中國文學現實主義創作的第一座里程碑，其中的〈風〉更是中國現實主義詩歌的源頭。而其藝術表達，特別是賦、比、興的運用，亦成為中國詩歌創作的基本手法，它們對中國文學的發展產生了極為深遠的影響。

隨著社會生活的不斷豐富，文字運用的不斷強化，中國古典詩歌在體例上出現了變化，從二言至四言，以《詩經》為代表，出現了四言詩的成熟與興盛。在漢時，五言詩興盛。這種變化亦與民間歌謠的影響有關。至唐，中國古典詩歌大放異彩，進入輝煌時代。從其形式而言，除五言詩外，七言詩亦極具代表性。宋時，詩歌語言進一步得到解放，出現了詞這種形式。而元曲的出現亦與詩歌內容表達的要求相適應，其語言顯現出更為鮮明的生活化特色。整體來看，中國古典詩歌的形式逐漸多樣，語言樣式呈現出由少向多、由講究規制向打破舊制形成新制的轉變。在這一過程中，山西詩人做出了重要貢獻。

漢時詩歌衰微，所作不多。山西地區之詩歌亦顯現出凋零之態。唯漢樂府多采民間之作，續《詩經》之華彩，使詩歌之精神得以延續。據《漢書‧禮樂志》所載，漢武帝「立樂府，采詩

第六章　山西地區的貢獻

夜誦,有趙、代、秦、楚之謳」。趙、代之地與山西淵源頗深,應有許多詩作,然時間久遠,其作者多不可考。但漢時山西地區亦有傑出之詩。祖籍婁煩之班氏一族,多有詩人,如班固有〈東都賦〉,最著名的是女詩人班婕妤現存有五言詩〈怨歌行〉、〈自悼賦〉、〈搗素賦〉等。在文學史上,當時與山西有關的,產生重要影響的還有漢武帝之〈秋風辭〉、曹操之〈苦寒行〉等。此外,一些詩人之作亦涉及山西,如張衡之〈四愁詩〉、陳琳之〈飲馬長城窟行〉等。至南北朝時期,民歌仍然最具光彩,所謂樂府產生於漢、極致於南北朝,當時與山西有關的民歌,最著名者如〈木蘭詩〉、〈敕勒歌〉等,均影響廣泛。

　　唐時,山西詩人不僅數量眾多,其作亦多傳世。在詩歌形式的創造方面,山西詩人之貢獻極其重要。由北朝至隋入唐,山西多有詩人被稱頌。河東汾陰(今萬榮)人薛道衡,被認為文才「無競一時」,是隋時最重要的詩人。隋唐之王氏三兄弟王通、王度、王績各有建立,尤其是王績,絳州龍門(今河津)人,開唐之山水詩的先聲,亦是對五言律詩進行了初步探索的詩人。產生重要影響的「初唐四傑」之王勃亦為山西絳州龍門人,他首先提出反對齊梁綺麗餘風,受到了楊、盧、駱的支持。在他們的倡導與努力下,詩歌開始從宮廷轉移到了市井,從臺閣轉移到了山水大漠。題材得以拓展,形式亦發生了很大的變化,五言八句的律詩開始初步定型,亦是七言古詩發展的

第七節　文學的沃土

成熟。武則天時期的宮廷詩人宋之問是山西汾州（今汾陽）人，其作講究格律，最為嚴謹，與沈佺期並稱為「沈宋體」，是律詩定型化的傑出代表，為唐之詩詞聲律化做出了重要貢獻。

　　唐時最著名的詩人有李白、杜甫、白居易與王維。其中的王維為太原祁人，後父遷居至河東蒲州（今永濟）。其詩以田園山水為最，人稱其詩「詩中有畫」，是唐田園詩之代表。王維亦多有邊塞詩作。而太原人王昌齡、王之渙、王翰是極具影響的邊塞詩人。祖籍太原的白居易是唐詩之新樂府運動的主將，開一代詩風，與元稹合稱「元白」。其作關注民生，婦孺能和，影響極為廣泛。「大曆十才子」是唐代宗大曆年間出現的一個詩歌創作群體，指當時比較著名的10位詩人。其中的蒲州（今永濟）人盧綸被視為十才子之冠，其作多五、七言近體，尤以邊塞詩著名。晚唐時與李商隱齊名的太原祁人溫庭筠，在詩作之餘創作中了大量的詞，被視為唐時第一個專業致力於詞作的詩人。其詞多寫離愁、閨怨、相思，長於抒情，被稱為「花間鼻祖」，對宋詞之興盛產生了極為重要的影響。唐時山西詩人眾多，在此不能一一列舉。據說《全唐詩》收錄了2,200餘位詩人48,900百餘首詩，其中三晉詩人100多位，約占二十分之一；詩作4,000多首，約占十分之一。晉籍詩人不僅數量眾多、作品影響大，在唐詩發展過程的關鍵環節亦做出了非常重要的貢獻，如河漢之燦爛，熠熠生輝，光照千秋。

第六章　山西地區的貢獻

宋遼金元，時局紛變，山西處於各政權博弈的焦點地區。宋時山西的著名詩人有文彥博、司馬光等。汾州介休人文彥博，身居高位，常親臨前線，多薦舉人才，其詩寫邊關事務，有邊塞之風，亦多詠史之作，借景抒情。其長律如蘇軾所言，「無一字無考據」。河東夏縣人司馬光亦為宋詩大家，其詩作社會民生、思古憂今，皆有涉及。南宋時，解州聞喜人趙鼎被譽為愛國詞人，開辛棄疾辛派詞之先河，與陽曲人王安中均為南宋豪放詞派的奠基之人。遼金時期，山西，特別是其北部為文化中心，聚集了大量的文人學士，多有優秀詩詞之作。而最能展現金之文學成就的是太原秀容（今忻州）之元好問。元好問身處亂世，跨金元二朝，其詩作多寫喪亂山水，尤以《論詩絕句》三十首影響為最。其詞兼豪放纏綿兩派於一體，多有傳世之作，所編《中州集》為金詩之彙總，《中州樂府》為金詞之彙編。而彙集金之史料的《壬辰雜編》是撰修金史之重要參考史料。金元之時，山西出現了一個極具影響力的文人群體，被稱為「河汾諸老」，包括永濟麻革，臨汾張宇，臨猗陳賡、陳庾兄弟與房皞，稷山段克己、段成己兄弟與應縣曹之謙等八人。他們的詩歌對元代復倡唐代詩風產生了重要影響。元時影響重大的山西籍詩人很多，其中的郝經、薩都剌、張翥最為著名。薩都剌是元中後期詩壇傑出之詩人，其先世為西域色目人，隨父祖駐守代州，有「雁門才子」之譽，著有《雁門集》傳世。

第七節 文學的沃土

明清之際,傅山具有特殊的地位,其詩求古樸雄健之美,有悲慨蒼涼之感。在詩歌創作中產生重要影響的是壽陽人祁寯藻,他因為道光、咸豐、同治三帝授書而被稱為「三代帝王師」。祁寯藻嗜詩如命,有《馭欰亭集》存詩2,000餘首,是鴉片戰爭前後興起的清代宋詩派的代表詩人。時人認為,有清200餘年間居高位而領詩壇者,康熙時為王士禎,乾隆時為沈德潛,道咸間為祁寯藻。當時在詩歌創作上頗有建樹的還有徐繼畬、張穆、楊深秀等。

通觀三晉詩歌,最突出的特點有三:一是關注現實民生,可謂不同歷史時期的詩史;二是藝術風格多樣,往往開一代之風氣;三是對詩體貢獻突出,多有承上啟下、除舊布新、定規制矩、號令群雄之用。

大致來看,通常意義上的「文」可分為三類:一是諸子之文,包括歷代思想家的著作;二是史傳之作,主要展現在歷史著作方面;三是其他之著,包括術有專攻的學術研究著作、遊記、通常意義上的散文或小品文與話本、傳奇、小說等等。中原地域由於所處位置及其生產方式的特殊性,形成了獨特的思維方式與語言表達方式及與之相應的文學形態,其最突出的特點就是今天意義上的文、史、哲不分,即研究哲學等基本理論的著作亦具有鮮明的文學性與歷史意識,而那些流傳千年的歷史著作,不僅展現了當時的哲學思想,亦具有突出的文學特

第六章　山西地區的貢獻

色。所以,諸子之作亦可以視為文學作品,歷史著作也具有突出的文學性。而那些被視為文學的作品,當然也具有明顯的哲學意味與歷史意義。

就山西地區而言,敘事論理之所謂散文亦多有極重要之作。首先,我們要注意到的是被視為神話與傳說的作品。這些作品大多在相關的著作中存留,如諸子之作、屈原之騷,以及《山海經》、《穆天子傳》等。這些神話與傳說多與山西有關,如女媧補天、精衛填海、愚公移山、后羿射日、大禹治水等等。雖然我們不能說它們是由山西人創作的,但可以認定其中所言之人事與上古時期的山西地區有關。這些作品也是中國敘事文學的肇始。

其次,比較典型的是先秦以來出現的小說家。小說家為諸子百家之一家。班固在其《漢書‧藝文志》中曾言,「小說家者流,蓋出於稗官。街談巷議,道聽塗說者之所造也」。其作多佚。但班固將15本著作編入小說家名下,並為之作注,其中有《伊尹說》27篇、《師曠》6篇、《黃帝說》40篇等,應多與今山西有關。而可確證為晉籍者是師曠。作為小說家著作的《師曠》表現了師曠的思想、性格與學識,其所言之人物形象十分生動。在魏襄王墓中曾發現了若干古籍,其中有《瑣語》與《穆天子傳》等。《瑣語》為東周時流傳於三晉一帶的人物故事,傳由晉人輯錄成書。而《穆天子傳》則是一部非常重要的歷史著作,

第七節　文學的沃土

但也有人認為是一部傳說性質的小說。這部著作描繪了穆天子西巡的經歷，其中非常重要的部分就是從成周洛陽出發之後翻越太行山，在山西境內的旅程。兩漢期間，晉地敢死之武將很多，而善書之文士稀少。至魏晉時期，出現了眾多晉籍文學世家，令人矚目，其中如太原王家，有王昶、王沈、王渾、王濟、王浚等；聞喜裴家，有裴茂、裴潛、裴秀、裴楷等；太原中都（今平遙）孫家，有孫資、孫楚、孫盛、孫綽、孫統等；河東安邑衛家，有衛覬、衛瓘、衛恆等；還有平陽襄陵（今襄汾）賈家，有賈充等。南北朝時期，山西出現了許多文學名家，除上面所言外，郭璞、劉琨等影響較大。

再次，唐時，文學興盛，除眾多產生重大影響的詩人外，晉籍文學家亦多有非凡之舉，其中的柳宗元倡導古文運動，為劃時代之舉。

柳宗元不僅詩文並佳，亦為中國歷史上極為重要的政治家與思想家，有進步的歷史觀與樸素的唯物主義精神。他與韓愈共同發起了古文運動，提倡改革文風，文道合一；改革文體，破除駢體，恢復秦漢語句形式，不拘一格；改革語言，務去陳言，辭必己出。他們以復古的名義來推進文學的革新，所針對的是漢魏以來的陳梁豔體，希望能夠以儒家思想振興中唐社會的思想革新。其文存留甚多，以寓言小品、人物傳記及山水遊記與大量的思想性政論文章影響最重。中唐古文運動的出現，

第六章　山西地區的貢獻

使中國文學衝破了煩瑣豔俗的形式主義窠臼，向生動、鮮活，言而有意、文質並具，文以載道、返歸自然的方向發展，具有極為重要的意義。

南北朝以來，敘事文學得到了新的發展，這就是出現了一種粗具小說形態的作品，其中尤以干寶之《搜神記》為代表的志怪小說、劉義慶《世說新語》為代表的志人小說最具影響。在此基礎之上，唐傳奇出現，代表著中國小說的成熟。被視為第一篇唐傳奇的《古鏡記》為山西籍河東龍門（今河津）人王度所作。早期的傳奇作品多有晉人之作，如河中寶鼎（今萬榮）人薛調有〈無雙傳〉、柳宗元有〈童區寄傳〉，蒲州人柳珵有〈上清傳〉。除這些單篇作品外，還有一些作品集，如河東（今永濟）人薛用弱著有《集異記》、溫庭筠有《乾𦠆子》、韓昱有《壺關錄》、柳宗元有《龍城錄》等。能夠代表唐傳奇藝術成就者為祖籍太原的白行簡，他是白居易之弟，遊歷各處，以傳奇名，代表作為《李娃傳》，其情節曲折，形象生動，代表著中國古典敘事文學的成熟。此外，白行簡還有《三夢傳》及《天地陰陽交歡大樂賦》等。可見，山西作家在唐傳奇的形成發展過程中發揮了極為重要的作用。在唐代傳奇中，還有一些以山西地區為題材的作品，如薛漁思的《河東記》、元稹的《鶯鶯傳》、杜光庭的《虯髯客》等。宋時話本興起，多為說書人之底稿。話本對小說的發展有重要作用，尤其對小說之情節構成、人物形象的塑造有重

第七節　文學的沃土

要意義,然其作者不確難考。至金元,元好問有筆記小說《續夷堅志》存世,收集了金後及元初人事,可視為志人小說或軼事小說,亦有可歸為志怪小說之列者,為金時唯一流傳下來的小說集。

明清時期,敘事之小說呈蔚為大觀之勢,傳世之作迭出,除《金瓶梅》、《紅樓夢》等外,《三國演義》、《水滸傳》、《儒林外史》等長篇小說亦具有深遠影響,是中國文學最重要的收穫。這一時期的短篇小說也非常興盛,如《聊齋志異》等亦為中國文學之瑰寶,它們均產生了極為重要的國際影響。而太原人羅貫中就是這一時期最為重要的作家之一,其作有雜劇多種,今傳有《宋太祖龍虎風雲會》。最能展現羅貫中創作成就的是長篇小說,除《三國演義》外,還有《殘唐五代史演義》、《隋唐兩朝志傳》、《三遂平妖傳》等。亦有人認為他還寫過《十七史通俗演義》。還有研究者指出,羅貫中曾師施耐庵,與施耐庵共同完成了《水滸傳》。其《三國演義》依據裴松之所注陳壽的《三國志》與民間藝人之演義創作完成,把中國章回體小說推向成熟的階段,開講史小說的新氣象。《三國演義》在國際上有重大影響,被翻譯成十餘種文字在各國傳播,被譽為是一部「真正具有豐富人民性的傑作」。至清,晉籍作家中太原人劉璋的長篇小說《斬鬼傳》、平陽人徐昆的文言小說集《柳厓外編》等較有影響。

總體來看,山西地區的文學創作在中國文學發展史中具有

第六章　山西地區的貢獻

極為重要的意義。在詩歌之發生、形成與興盛的各個關鍵時期，均有山西詩人之貢獻。在小說形成、發展與繁盛的不同時期，山西作家的貢獻也非常突出。而在戲劇的各個重要發展階段，山西劇作家的貢獻也極為關鍵。正是他們一代又一代的努力，使華夏之文脈不絕如縷、源遠流長。而在文的創作方面，山西作家之貢獻尤為引人矚目。

第八節
藝術的海洋

　　中華文明是一種追求藝術價值的文明,這是由其自然地理條件與生產方式決定的。由於最主要的生產方式是農耕,必須統籌考慮人與自然之間的關係,努力使其處於和諧平衡、相互適應的狀態,就要求人適應自然運行的法則,盡可能減少對自然的消耗、破壞,追求內心世界的平衡,以內心的睿智強健與豐富多彩來求得幸福。要實現這樣的價值追求,最可能的方法就是藝術——以對自然最小的消耗創造最豐富生動、最具想像力與創造力,且最合於人的價值追求的世界形態。因而,在中華文明範疇中,勞動不僅是美的,且創造了美,日常生活講究禮樂儀式,追求在滿足最基本的物質需求的同時,最大可能地滿足精神審美需求。藝術不僅是在生活實踐中抽象出來的超越生活的存在形態,也滲透到日常生活的細微之處。中華文明不僅為人類文明創造了豐富璀璨的藝術,而且其存在本身就是一種藝術。

　　山西地區的藝術創作豐富生動,多有開創之功,是中華藝術的重要組成部分。在距今大約 2 萬年的沁水下川遺址中發現了眾多的遺存,其中的琢背小刀是代表性器物,顯現出當時

第六章　山西地區的貢獻

的人們已經理解並能夠用比較複雜的工藝來使器物更加實用美觀。據專家研究，這種工藝出現的時期應該是從舊石器向新石器過渡的細石器階段。其最突出的特點是採用間接打製法，將打製成品裝在骨柄或木柄之上，使其成為複合工具。儘管我們還不能認為這種器具是藝術創作，但無疑其中已經具有了藝術的含義。與此時間相近的吉縣柿子灘遺址中，除發現有類似的器物外，還發現了兩幅巖畫，由赤鐵礦之赭紅色所繪。儘管由於時間久遠，風化嚴重，但我們仍然能夠辨認出，其中一幅類似於耕作，另一幅可能是舞蹈，畫作上下以規則的圓點來表示天地，應該是有關人與天地關係的一種藝術表達。這些巖畫是人類最早的藝術作品之一。

　　仰韶時期，製陶工藝最具代表性。山西是仰韶文化的重地，亦是仰韶文化廟底溝類型的淵源之地。這些陶器上的繪畫圖案不僅具有典型的文化含義，更是先民的藝術創作。在大量的彩陶圖案中，一種抽象的花瓣圓點形象被視為花的代表性構圖，是華族的文化標識，這種花被稱為「西陰之花」。在陶寺遺址中發現了數件彩陶龍盤，上面亦有用黑白相間之抽象筆法描繪的並生彎曲的雙龍，它們口銜植物之穗，神態昂揚，顯現出騰越欲飛之勢，被認為是華夏地區多族群共同崇拜的圖騰。此外還發現了大量的玉器，其中多有禮樂器，如璧、琮、環、管、鉞、圭、佩、覆面等，尤以玉琮、玉覆面最具代表性。其

第八節　藝術的海洋

中的玉覆面,眼睛碩大誇張,頭有神冠,與良渚遺址中的玉面人、三星堆中的青銅人頭像以及晉地青銅器中的饕餮紋等風格相近,其頭有雙角,似與神農炎帝部族的羊崇拜有連繫。這些均顯現出陶寺時期玉器製作工藝的特色及與其他地區文化的連繫。

秦漢時期,繪畫藝術出現了新的高潮,特別是廣泛將繪畫藝術用於宮室屋宇與墓葬,突出了政治倫理教化的功用。平陸棗園漢墓所存壁畫描繪了牛耕與耬播,是中國最早表現農業生產的繪畫作品。在呂梁離石發現的漢畫像石亦為當時極重要的雕繪作品。據專家研究,這些作品對奠定中國畫的基本規範有重要意義,其作或表現仙境,或描繪人間,質樸豪放,古拙靈動,存留有豐富的歷史資訊,被譽為是「無字的《漢書》」。

南北朝時期,中原地區與西域之間的交往日漸頻繁,特別是平城大同與別都晉陽國際化程度極高。至唐時,以晉陽為代表的北方地區十分繁榮,往來商旅教士絡繹不絕,東西文化之交融進入新的階段。北齊時期婁睿墓與徐顯秀墓壁畫及九原崗墓葬壁畫的繪畫風格發生了重要轉變,即採用了由西域傳入的暈染法來表現人物,使形象更具立體感生動性,畫面之明暗對比、冷暖搭配更注重透視層次,在形式上卷軸畫的特徵更為明顯。這些藝術表現手法為隋唐繪畫藝術的全面繁榮準備了條件。最重要的是北魏時期開鑿的雲岡石窟,以其恢宏氣象融東

第六章　山西地區的貢獻

西方藝術之精華,被譽為世界文化交流史中的「雲岡模式」,其石窟形制、石雕風格及整體布局與技術運用,對敦煌、龍門、大足等石窟藝術產生了重要影響,是人類藝術之精華。

唐人張彥遠,山西臨猗人,所著《歷代名畫記》對繪畫理論進行了討論,並記述了歷代畫家372人,是一部對中國繪畫理論與繪畫歷史進行總結的重要著作。唐末五代時,河內沁水人荊浩,別名洪谷子,隱居太行山谷,觀山測象,內化自然,為北方山水畫派開山之祖。荊浩還著有《筆法記》,為山水畫理論的經典之作,提出了氣、韻、景、思、筆、墨之「繪景六要」,代表作有〈匡廬圖〉、〈雪景山水圖〉等,其作有筆有墨、水暈墨章、大山大水、開圖千里。

至宋,祖籍太原,後遷居襄陽的米芾以文人山水畫著名,被稱為「米氏雲山」。其子米友仁,畫風隨父,人稱「二米」。「二米」繪畫造詣為人稱道,畫藝亦自成一格。此外,宋時祖籍河中(今永濟)之馬遠、馬麟父子,以及馬氏一族,影響頗重,尤以馬遠影響最大,其畫作取捨大膽,長於描繪山之一角、水之一涯,被稱為「馬一角」。金之晉籍張公佐等,元之朱好古、高克恭等法前人而不拘,自成一體。宋之并州人郭若虛著《圖畫見聞志》一書,有史論、畫傳、畫事三部分,對唐、五代、宋、遼時期284位畫家之作進行了研究,被視為《歷代名畫記》之續篇。金元以往,山西地區寺廟壁畫多有遺存,其中不乏經典之

第八節　藝術的海洋

作。永樂宮壁畫布局精當、結構恢宏、人物眾多、用色豐富，被視為中國壁畫藝術之光輝篇章。特別是其〈朝元圖〉，筆力非凡，層次鮮明，為中國古代壁畫的經典之作。洪洞廣勝寺壁畫是元時社會生活的縮影，其中的朝神圖、祈雨圖，以及表現元雜劇的作品最具代表性，是中國壁畫藝術的瑰寶。

與繪畫藝術相關的書法藝術在山西地區亦有非常重要的貢獻。陶寺遺址出土的扁壺中有朱書文字，專家解讀應為「文」與「堯」。這是中國目前發現的最早的朱書文字，反映出漢字進入了成熟階段，亦展現出書寫工具的進步與變化。在今侯馬亦發現了春秋時期的盟書，朱書在玉石片或甲骨上，約有 5,000 件，其形體基本完整，字跡依然清晰者約 600 件。侯馬盟書具有極為重要的歷史文化意義，是春秋時期盟誓制度的具體表現。同時，侯馬盟書亦極為生動地表現了漢字及其書寫形態的發展變化。晉地青銅器極其發達，其上多有銘文，這類文字被稱為「金文」。從商至周，以及秦漢，均有金文出現在青銅重器上。周時金文成為書體之主流。金文最早在漢武帝時已被發現，當時有人將在汾河入黃河口之汾陰地區即今萬榮發現的大鼎送入宮中。《漢書・武帝紀》記有「得鼎汾水上」，因此漢武帝更年號為「元鼎」。晉系青銅器中的〈晉侯穌鍾銘文〉等影響廣泛。此外如欒書缶、晉公盤、長子購臣簠、趙孟介壺等青銅銘文，風格多樣，顯現出晉地文字書寫藝術的複雜性與豐富性。

第六章　山西地區的貢獻

　　至漢末魏晉,河東安邑(今夏縣)衛氏一族多有書家產生重要影響。其中的衛覬,時人認為好古文,鳥篆、隸草均極擅長。其子衛瓘,書師張芝之草,得其筋骨,有「一臺二妙」之譽。衛瓘之子衛恆,也是一位著名的書法家,亦在書法理論上做出了重要貢獻,他撰寫的《四體書勢》論及書體、書論、書史,是中國書法史上第一部系統完整的理論著作。衛恆的弟弟衛宣、衛庭,子衛璪、衛玠均為著名書家。特別是其堂妹衛鑠,人稱「衛夫人」,在中國書法史上具有重要影響。衛鑠出身書法世家,自幼習書,多有斬獲,後師鍾繇,尤善楷書,傳世作品有《名姬帖》、《衛氏和南帖》等。衛鑠在書法理論上貢獻頗巨,著有《筆陣圖》,特別對書法藝術中的筆、意關係與書法家個人修養等有深刻的論述,提出了書法創作之用筆六法。衛鑠對中國書法的另一重要貢獻是培養了王羲之,使之成為中國書法史上極為重要的代表人物。

　　北魏遷都平城,建立官學,收羅賢達,統一書體法度,初造新字千餘。太武帝時頒整齊文字的詔令,要求「永為楷式」。同時,北魏注重任用漢學儒士,其朝廷文誥多由當時的書法家崔玄伯及其子崔浩所撰。他們的書法既受傳統影響,又受草原游牧之風浸潤,有古樸強健之風,產生了重要影響,為當時士人所重。平城時期,碑刻興盛,字形漸變,逐漸形成了一種體兼隸楷的文字形態,被稱為「魏碑體」。這種書體上承漢隸、下

第八節　藝術的海洋

啟唐楷，是隸書向楷書演變的重要載體。至遷都洛陽後，吸收南方士人書法之風，字形多有新變，融北方雄健強勁與南方新妍奇逸於一體，出現了一種有別於平城時期的魏碑體。自此之後，晉地多有重要的書家，如唐李世民，其〈晉祠之銘並序〉刻石於晉祠，其書遒勁有力、骨骼雄奇，有聖王之氣，是中國書法史上最早以行書入碑之作，具有開創性意義。張彥遠《法書要錄》亦輯錄了東漢以來至當時的歷代書法名家之論，是中國最重要的書法理論文集。宋時米芾用筆迅疾勁健、痛快淋漓。明董其昌評其字為「宋朝第一」，其子米友仁之書藝亦極出眾。

古史中有許多關於音樂的傳說，如錢穆先生在其《黃帝》一書中介紹女媧曾製作樂器笙簧、黃帝曾命伶倫造律呂，說伶倫從大夏到阮隃山北尋找合適的竹管，以其吹奏的聲音作為基本音，是為「黃鐘之宮」。這裡的「大夏」即我們所說的以汾河流域陶寺為主的地域，而阮隃則是古代之名山，一說是指崑崙山。如果崑崙山真的就是陽城析城山的話，也可以說音樂之律呂與山西的關係極大。不過這種觀點還需要進一步考證。可依據的是，明王室之裔朱載堉所撰《樂律全書》，提到為證明新的十二平均律，朱載堉曾來到上黨地區，在羊頭山尋找秬黍。因為中國古代以黍定樂律，而這種黍就是上黨羊頭山所生。漢《律曆志》記有「以上黨羊頭山黍度之為尺，以定黃鐘」。春秋時，著名的音樂家，晉國人師曠將音樂分為清商、清徵、清角三類，

第六章　山西地區的貢獻

形成了比較成體系的音樂理論,其演奏,如雲起風至、鶴鳴而舞,被譽為樂聖。

中國不同的歷史時期均有非常重要的音樂作品出現。《周禮》中記有「以樂舞教國子舞〈雲門〉、〈大卷〉、〈大咸〉、〈大韶〉、〈大夏〉、〈大濩〉、〈大武〉」。這裡的〈雲門〉、〈大卷〉據說就是黃帝時期的樂舞,〈大咸〉是唐堯時期的樂舞,〈大韶〉是虞舜時期的樂舞,〈大夏〉是夏禹時期的樂舞,〈大濩〉是商湯時期的樂舞,〈大武〉是周武王時期的樂舞。如果黃帝確曾在晉南一帶活動,那麼就與山西的關係極大。而堯舜禹則肯定在山西一帶有極為重要的活動,在考古研究中,也出現了許多遺存可以為我們的討論提供物證。如陶寺遺址中發現了鼉鼓、土鼓、石磬等成套的禮樂器,說明當時禮樂活動已經成為政治文化生活中極為重要的事項。陶寺還發現了用絲綢包裹的紅銅鈴,這說明銅鈴在當時為非常重要的禮樂器物,亦可以證明至少在堯時,人們的音樂活動中已經開始使用青銅樂器,具有非常大的規模與定製。

最初的音樂與舞蹈、詩歌應該是一體的,儘管這種三體合一的形式並不是絕對的,但卻是經常的。它們在什麼時候分離成為獨立的藝術形式,還需進一步研究。至少在周時它們仍然保持了一體的模式。

《周禮》中規定,以樂德教國子,中、和、祗、庸、孝、

第八節　藝術的海洋

友,以樂語教國子,興、道、諷、誦、言、語,以樂舞教國子各代之舞蹈。所謂樂德,指音樂所展現的德行,如忠誠等;所謂樂語,則指語言技能,如比喻、用典等;所謂樂舞,則是與音樂相伴的舞蹈。儘管音樂是樂之主體,但仍然伴隨有詩歌與舞蹈。至少從周開始,各朝政府設有采風官,採集民間歌謠以了解民風民意。這些歌謠被記錄後大部分屬於樂的內容已經佚失,留下來的均以詩歌的形式流傳,如《詩經》中的〈風〉即為各地之歌謠。其中的〈唐風〉、〈魏風〉就是屬於晉地之古唐國與古魏國之民間歌謠。據說《詩經》由尹吉甫收集,經孔子編纂,並由其學生子夏記錄。後世說詩者有魯人申培公、齊人轅固、燕人韓嬰,合稱「三家詩」,已陸續佚失。只有魯人毛亨、趙人毛萇輯注之詩在民間廣為流傳,稱為「毛詩」。在南北朝時期,多有影響廣泛的民歌作品出於晉地,如〈敕勒歌〉、〈木蘭詩〉等。諷刺高洋於晉陽廢魏孝靜帝自立的青雀子歌亦應與晉有關。

　　北魏建都平城,山西成為西域與東方連繫的中心區域,之後的晉陽也成為國際化都市。山西地區,連結南北,溝通東西,是「絲綢之路」的樞紐,不僅商旅往來頻繁,文化交流也成常態。據考古研究,當時有許多表現胡樂胡舞的陶俑、壁畫等美術雕塑作品出現。這一時期,東方之高麗樂,西域之龜茲樂舞、疏勒與粟特諸國的伎樂陸續傳入內地,特別是平城、晉陽等地。《隋書‧音樂志》中記有當時的盛況,指出歌曲〈楊澤新

第六章　山西地區的貢獻

聲〉、〈神白馬〉之類，生於胡戎；〈永世樂〉、〈萬世豐〉、〈于闐佛曲〉等樂曲均為胡樂。曲頸琵琶、豎頭箜篌，以及五絃、笙、簫、篳篥、長笛等亦為傳入之樂器。據說隋文帝頗好樂曲，曾用琵琶作〈地厚〉、〈天高〉。影響頗大的樂舞還有〈蘭陵王入陣曲〉，今大同司馬金龍墓，太原虞弘墓、徐顯秀墓、婁睿墓，忻州九原崗墓等出土的石雕、墓葬壁畫中均有相關的表現。從粟特地區傳入的胡騰舞、胡旋舞等影響廣泛。這些外來樂舞不僅大大地豐富了內地的藝術形式，也逐漸與內地之樂舞融合轉化，成為中華藝術之重要組成部分。

　　與樂舞表演相關的是戲劇藝術。早在漢時，角抵戲出現，史籍記載被封於晉地的代王、韓王等以角抵諸戲炫耀。在山西發掘的漢代畫像石中，有許多百戲表演的刻像。百戲在社會上流行至廣，不斷地吸收各地各民族的樂舞成分，得以大肆發展。雲岡石窟的十二窟中有使用各種樂器進行表演的樂伎，就是北朝時期表演藝術的生動表現。後趙時，出現了參軍戲，其中的〈蘭陵王〉、〈踏搖娘〉等最為著名。這些表演已經有了角色設定與故事情節，融舞蹈、道白等於一體，戲曲藝術進一步成型。隋唐時期，歌舞戲曲表演進一步趨向成熟。唐公子李隆基任潞州別駕，聚賢能、賞山水、興歌舞、選樂伎，唱漢高祖之〈大風歌〉，往道觀聽法曲之樂，促進了樂舞之發展。後在長安設梨園，以法曲教樂工，開戲曲之新聲。北宋時，出現了一種

第八節　藝術的海洋

在戲曲史上產生重要影響的表演形式——諸宮調，其首創者即為澤州人孔三傳。這種表演形式具有更豐富的容量，對戲曲的演化發揮了重要作用，對元時之表演藝術影響至深，被譽為「北曲之祖」。〈西廂記諸宮調〉、〈劉知遠諸宮調〉、〈天寶遺事諸宮調〉等流傳至今。元時，元曲與元雜劇興盛，中國戲曲進入了歷史上最具光芒的輝煌時刻，山西平陽即為當時之戲曲中心。元曲四大家中的關漢卿、白樸、鄭光祖均為晉人。此外還出現了石君寶、喬吉、李潛夫、吳昌齡等眾多的晉籍著名劇作家。他們的很多作品成為中國戲曲史上最具代表性的經典之作，如〈竇娥冤〉、〈救風塵〉、〈拜月亭〉、〈梧桐雨〉、〈倩女離魂〉、〈包待制智賺灰欄記〉等。很多文物亦表現了當時的演出情景，如洪洞廣勝寺應王殿有〈堯都見愛大行散樂忠都秀在此作場〉的大型彩色壁畫，生動地表現了元雜劇的表演情狀。在侯馬也發現了金墓中表現戲曲演出的彩塑。

明末清初，一種新的聲腔藝術即梆子聲腔在河東晉陝交界一帶出現。這種聲腔繼承了北曲腔少字多、腔高板急的風格，借鑑了北雜劇崑腔、青陽腔、弋陽腔等藝術元素，以當地民間小曲與說唱藝術為基礎形式。因在音樂配置中使用了梆子，被稱為「梆子」或「梆子戲」。亦因其主要流行於晉陝之關中與蒲州河東一帶，被人們稱為「山陝梆子」。往西傳播者被稱為「秦腔」，往東傳播者稱「蒲劇」，亦稱「蒲州梆子」或「亂彈」。蒲劇

第六章　山西地區的貢獻

繼續向晉之中部、北部發展，陸續形成了中路梆子，即晉劇，亦稱「山西梆子」；北路梆子一度被稱為「雁劇」。在上黨一帶出現了受蒲劇影響，融昆、梆、羅、卷、黃多聲腔的劇種，被稱為「上黨梆子」或「上黨宮調」。這四大梆子是山西最重要的劇種，其中的蒲劇實為梆子戲之祖。它們在相鄰地區傳播，凡山西、河北、內蒙古、甘肅、青海、寧夏、四川等地均有晉劇等梆子戲的演出，並對河北梆子、山東梆子、萊蕪梆子、柳子戲、江蘇梆子、豫劇等劇種產生了影響。

除以上四大梆子外，山西地區還有數十種其他劇種，如在北部以大同為中心的地區流行的耍孩兒、晉南流行的眉戶、晉東南流行的上黨落子，以及碗碗腔、鑼鼓雜戲、賽戲等。此外還有各地之秧歌劇如晉中秧歌、太原秧歌、壺關秧歌、武鄉秧歌、介休乾調秧歌等，據統計有 50 多個劇種。除戲曲藝術之外，山西各地流傳著眾多形態多樣、曲式各異的民歌、民間舞蹈、鼓舞等藝術形式。山西亦被譽為是民間藝術的海洋。

第九節 文脈的傳承

第九節
文脈的傳承

在漫長的發展過程中，中華文明建立了完善的歷史體系，特別是周以來，出現了許多歷史著作，系統性地記錄不同時期的歷史演變。儘管時日久遠，這些著作散失嚴重，但仍有許多作品流傳至今，使我們能夠比較方便地進入歷史。亦因此，中華文明能夠從初始形態演進成有歷史的文明。

目前我們能夠看到的比較早的歷史著作有《尚書》、《春秋》、《左傳》、《國語》、《戰國策》等。此外，諸如《山海經》等著作雖然並不是歷史著作，但亦可發現許多與歷史相關的記載，對我們了解上古中國的形態有非常重要的意義。這些著作的作者各異，或已難考證，但在這樣的撰寫中可以發現山西地區在中國歷史上發揮的重要作用，以及山西對中華文明的貢獻。其中一些著作，如《國語》、《戰國策》等甚至更多地記錄了在山西發生的歷史，這部分篇幅可能占據了全書的大部分內容。

收錄在《尚書》中的〈堯典〉應該是可查閱的最早的歷史著作之一。儘管並不是堯或堯時人物所撰，但〈堯典〉所記堯舜之歷史卻具有極為重要的意義。如果我們要了解堯舜時期的古中國，〈堯典〉是最具權威性的著作，其中頌揚了堯的品德功勳，

第六章　山西地區的貢獻

記錄了堯制定曆法、選拔官吏,以及舜攝政的功績等。收錄在《尚書》中的〈禹貢〉雖然是一部記錄地理及交通貢賦的著作,但也可從中發現歷史的蹤影。據說〈禹貢〉是大禹治水時巡視山川大地,考察山水蹤跡之後所作,是一步一步走出來的。如果此說有據,〈禹貢〉的作者應該就是大禹。不過,隨著研究的深入,學界基本認為〈禹貢〉是戰國之後的學者託名大禹而作。所謂「九州」,也不一定是當時的實際情況,很可能是後人的一種政治理想。無論如何,在〈禹貢〉中我們還是能夠發現大禹時期的許多歷史文化現象,至少有很多與大禹相關的歷史在內。

考古發現的甲骨文呈現了商時的社會歷史。之後陸續在山西侯馬以及河南溫縣這些在當時屬於晉國的地區發現了春秋時期的盟書。這些盟書具有非常重要的歷史文化價值,尤其是侯馬盟書,反映了春秋末期晉國趙氏集團內部在主盟者趙簡子趙鞅等人的主持下,服從指揮,保衛宗廟,共同對敵的誓約。溫縣今屬河南,時為晉國之地。據研究,其盟約可能為晉卿韓簡子韓不信主持,亦稱「沁陽盟書」。所記內容與侯馬盟書相近。這些遺存的盟書散亂錯雜,數量眾多,從目前並不全面的研究來看,為我們了解當時的社會狀況提供了重要的文字紀錄。在晉地發現的青銅器中也多有金文之銘,雖然字數不多,亦是我們了解當時社會歷史的重要文獻。其中一些具有獨一無二的價值,如翼城大河口墓地發現的霸國青銅器銘文,絳縣橫水墓地

第九節　文脈的傳承

發現的倗國青銅器銘文等均有極為重要的歷史價值，為我們了解春秋時期方國的情況，以及不同方國之間的關係提供了實證。在諸子之書與《詩經》等著作中也保留了很多歷史資料。不過，無論是盟書、青銅器銘文，還是子書經書，大部分還不是歷史著作，更不是成體系的史著，它們對歷史的關注是服從於抒情與說理的，其中的史料也不成系統，與獨立的史著區別很大。就山西地區而言，出現專業的歷史著作要進入漢代。

漢時的史著撰寫表現出極為興盛的態勢，一方面是中華大地達成了空前的大一統，社會顯現出前所未有的活躍局面；另一方面，生產力巨大進步，表現在社會文化生活層面，繁榮興旺成為一時之主流，在文學藝術、科學技術諸多方面，均有快速的發展。在這樣的時代背景下，史著的撰寫也呈現出新的面貌，特別是司馬遷的《史記》成為人類歷史著作的輝煌之作，既展現了中華文明重道求進、追求統一的哲學理念，也表現出治史撰著之科學嚴謹。其體例博大宏闊，多有創新，開通史之始。其文字生動鮮活，充滿感情，具有極強的文學性。而其治史，有獨特的追求，所謂「究天人之際，通古今之變，成一家之言」，乃「史家之絕唱，無韻之《離騷》」，是中華文明的代表性成果，亦是人類文明不可多得的重要收穫。正如梁啟超所言，「史界太祖，端推司馬遷」。

關於司馬遷，其籍貫存有不同意見，或認為他是陝西韓城

第六章　山西地區的貢獻

人,但也有很多人認為他是山西河津人。分歧的原因主要源於對龍門的理解。司馬遷在《史記》中明確說「遷生龍門,耕牧河山之陽」,為龍門人。但這個「龍門」到底是指今天的韓城還是河津,或包括了韓城與河津兩地,所說各異。不過,漢《三秦記》載「河津,一名龍門」,可見時人稱龍門是指河津。就「河山之陽」而言,似亦為河津。所謂山南水北為陽。河津正在黃河拐彎東向而流之河北,是為「陽」。而河津亦在龍門山之南,亦是為「陽」。如果此說可證,司馬遷應該是河津人。從其先祖之行跡來看,司馬氏多在晉地活動,亦可作為佐證。

　　除司馬遷外,漢時山西還有許多撰寫了重要史籍的人物,特別是班氏一族,多有重要著作名世。班氏之先自楚遷居山西北部之婁煩,後遷昌陵(今西安臨潼一帶),前後居晉200餘年。在史著方面貢獻突出者,首先是班彪,他收羅西漢之事,考察各地形勢,繼採前史遺事,著《史記後傳》65篇,已佚。但其內容多為之後其子班固、女班昭所撰之《漢書》採納,是《漢書》之重要基礎。班彪還著有《前史略論》,對包括司馬遷等人所著的史著、歷史觀進行了分析、評論,是中國古代較早的史學之論,展現了儒家正統的歷史觀,在中國史學理論史上具有重要地位。班彪子班固,在《史記後傳》的基礎上編寫《漢書》,未成而歿。其妹班昭為中國第一位傑出的女歷史學家,她在參與《漢書》編撰的基礎上與馬續完成全書(其中的〈八表〉

第九節　文脈的傳承

由班昭所著,〈天文〉由班固之弟子馬續著)。《漢書》又名「前漢書」,主要記錄了漢高祖時至王莽初約230年間的歷史,與《史記》、《後漢書》、《三國志》等並稱為「前四史」。該著在史著體例上有重要新創,是中國第一部紀傳體斷代史,亦為繼《史記》之後的又一部極為重要的歷史著作。

魏晉南北朝時期,中國經歷了一個從統一而分裂再走向統一的輪迴,其間,在史學方面多有重要之作,尤以「史學三裴」影響最大。裴松之,河東聞喜人,活動於東晉及南朝劉宋時,少而好學,長而仕宦,受宋文帝之命,為陳壽《三國志》作注,成《三國志注》。該作在史著體例上多有創新,特別是對史家作注之作有新的開拓。其時史家作注多解釋音義、名物、地理等。裴松之則將注擴展為補缺、備異、懲妄、論辯等多個方面,補充了大量原著中缺少的史料,引用了許多相關著作的資料,使原著更為豐富周全。同時,對不同的觀點也逐一註明,供人參閱,對認為錯訛的說法進行了辯證。所謂搜採廣博、多存異書、考證辨析、至為精當,開創了史注之新法與史料之比較考證法。裴松之還著有《晉紀》、《集註喪服經傳》等多部。其子裴駰,承其父注史之法,作《史記集解》,為《史記》補充了大量歷史、地理、典章制度等史料。該作與唐司馬貞的《史記索隱》、張守節的《史記正義》並稱為「史記三家注」。裴松之曾孫、裴駰之孫裴子野亦志於史著,曾刪沈約之《宋史》成《宋略》。

第六章　山西地區的貢獻

隋唐時期，山西地區出現了幾位重要的史學家，其中的王邵，太原人，仕北齊、隋，曾任著作郎 20 年，專志於史，編著《隋書》80 卷，著有《平賊記》3 卷、《讀書記》30 卷，尤以重撰之編年體《齊志》20 卷、傳記體《齊書》100 卷最具影響。因勇於直書、長於敘事及善用口語而受人稱讚。太原祁（今祁縣）人溫大雅曾參與李淵起兵，作《大唐創業起居注》，為編年體史著。該著記錄了李淵太原起兵至建唐稱帝期間的行止過程，具有極為珍貴的歷史價值。蒲州河東（今永濟）人柳芳，一生篤志論著，與史官韋述撰《國史》130 卷，為唐前期國史的最後一個定本，後又成《唐曆》40 卷，在譜學方面著有《永泰新譜》20 卷。

宋遼金元，各方博弈，山西成為焦點地區。這一時期，山西學人在治史立著方面也有非常重要的成就。五代至宋初，出現了一位傑出的歷史學家王溥，并州祁（今祁縣）人，他主持編修了《唐會要》與《五代會要》兩部會要體史著。其中的《唐會要》是現存會要體史著中最早的著作，具有非常重要的史料價值。《五代會要》集後梁、後唐、後晉、後漢與後周諸朝之舊史實錄，分類編撰，是關於五代典章制度最早的著作。

宋時最重要的史學著作為司馬光主撰之《資治通鑑》。司馬光，時陝州夏縣（今山西夏縣）人，幼通《春秋》，好學強識，長而出仕，著述頗豐，曾任并州通判。在宋神宗支持下，延攬劉

第九節 文脈的傳承

效、劉恕、范祖禹等,研析歷史,著《資治通鑑》294卷300多萬字。該著敘述了自周威烈王時三國分晉,至後周世宗被趙匡胤所滅計1,362年的歷史。《資治通鑑》與之前的斷代史體例不同,為中國第一部編年體通史。梁啟超認為「天地間一大文也。其結構之宏偉,其取材之豐贍,使後世有欲著通史者,勢不能不據以為藍本,而至今卒未有能愈之者焉」。這部傑出的歷史著作實為世界史學極為重要的代表之作。司馬光著述頗豐,凡立論、詩詞、哲學、醫學等多有重要之作,除《資治通鑑》外,還有《通鑑舉要歷》80卷、《稽古錄》20卷,以及《注古文學經》、《易說》、《涑水記聞》等多種。朱熹曾稱司馬光、周敦頤、邵雍、程顥、程頤、張載為北宋「道學六先生」。

金元時期,山西亦為最重要的政治文化中心。金在山西平陽(今臨汾)設經籍所,專責撰寫史書。時元好問為金國史院編修。金亡,元好問隱居不仕,志編金史,成《壬辰雜編》,為當時最重要的史學著作,該作史料豐富,著述嚴謹。此外,元好問還著有《金源君臣言行錄》,為據所集史料中金朝君臣遺言往行的資料編撰而成。此二著均為元時編撰《金史》之主要依據。另一位山西渾源人劉祁,在元攻破金都汴京(今開封)後回鄉潛心問學,著有筆記體史著《歸潛志》14卷,所記金之亡國諸事及金之人物軼事,生動而豐富,被認為是治金史不可或缺的必備史料,其對時政治之褒貶、人事之評議顯現出深刻的思想內

第六章　山西地區的貢獻

涵。至清，西北史地學派興起，晉之太原人閻若璩，以及壽陽人祁韻士、平定人張穆等有大量極為重要的著作。這些著作以對西北地理的考察辨析為主，顯現出非常重要的史學價值，為研究梳理中國西北地區之疆域、歷史、文化、民情做出了極為重要的貢獻。

總體來看，作為中華文明之主要發祥地，山西地區在中華文明史傳傳統的形成、發展中有非常重要的貢獻，其一為開創之功；其二為新變之力；其三為代表性的代表之作，特別是在史著文體的貢獻方面極為突出。

中華地域極為遼闊，地形地貌複雜多樣，湧現出了一批又一批重要的地理學著作。不過總體來看，這些地理學著作並不是單純的地理研究，其間亦展現出豐富的歷史文化內涵，是我們了解或一時期社會形態的重要依據。

最早且最重要的地理學著作應該是託名大禹的〈禹貢〉，為中華地理的奠基性著作，亦表現出中國最早的地域認同，其作者一般認為應該是戰國時期之人，但已不可考。〈禹貢〉記錄了大禹在治水過程中隨山刊木，跡遍天下，「茫茫禹跡，畫為九州」的事蹟。「禹跡」也就由此而成為九州華夏之代稱。所謂九州，就是天下以冀州為中心的九部分，分別是冀、兗、青、徐、揚、荊、豫、梁、雍。其中的冀州之名，源於黃河龍門口所處之地今山西河津，河津古稱「冀」。冀州地域主要是晉、

第九節　文脈的傳承

燕之地,大致與今天的山西,河北大部、河南一部,以及內蒙古、遼寧的小部對應。〈禹貢〉對九州之地的山水形勢、道路計里、貢賦物產等做了描繪,還提出了「五服」的概念。五服包括甸、侯、綏、要、荒五種納貢層次,也展現出不同的地理意義與社會治理要求。不過有研究者認為,並不是大禹之時已經有了明確的九州之分,〈禹貢〉應該是後人託大禹而表現的一種地理與社會理想。

從戰國諸侯爭雄到秦漢一統,中國再一次達成了統一的政權治理與地理連通,以中原地區為文化中心的地理疆域逐步演化,形成了穩定的地域形態。其中的衛青、霍去病抗擊匈奴,不僅維護了中原地域,亦打通了中原與西域的連繫。班超、班勇父子經略西域,維護了連通東西的「絲綢之路」。同時,漢經營嶺南之地,使民族認同進一步增強,中華之疆域進一步鞏固。西晉時,河東聞喜人裴秀主編完成《禹貢地域圖》。他發現〈禹貢〉中的山川地名沿用已久,與現實多有差距,於是查閱資料,甄別註解,終成 18 篇。這部著作的編撰,代表著中國第一部以文字形式記載的地圖集的誕生,是中國古代地圖學的開創之作。李約瑟認為裴秀是中國科學製圖學之父,與古希臘之著名地圖學家托勒密(Claudius Ptolemy)齊名,是世界古代地圖學史上東西輝映的兩顆燦爛之星。所憾該作已佚,僅有其序存。

至晉,佛教在內地傳播日盛,西行求法興起,其最早的代

第六章　山西地區的貢獻

表人物就是法顯。世人認為法顯是西行求法第一人。法顯，俗姓龔，平陽武陽（今長治襄垣）人。東晉隆安三年（西元 399 年），60 多歲的法顯從長安出發，開始了他的求法之旅。他與同伴經河西走廊，穿塔克拉瑪干大沙漠，至于闐，入今巴基斯坦、阿富汗，終至今印度各地，後達今斯里蘭卡，乘商船返回，於青州（今青島嶗山）一帶登陸，前後約 14 年之久，遊歷 30 餘國，帶回《摩訶僧祇律》、《薩婆多律抄》等梵文佛經。回國後在建康（今南京）譯經，與同道共翻譯了被稱為五大佛教戒律之一的《摩訶僧祇律》等 6 部 63 卷。法顯最具影響的作品是《佛國記》，又名「法顯傳」。該作記錄了法顯等人求法之歷程及所遇所見之人事，對中亞、印度、南洋各國的地理、交通、宗教、文化、物產、民情等有詳細生動的記載。《佛國記》不僅是一部西行求法的傳記，也是一部關於東亞、南亞各國的重要歷史文獻，特別是對印度歷史的建構具有極為重要的價值。中國西域地區的歷史文獻亦較少，特別是關於鄯善、于闐、龜茲等古國的資料尤為珍貴。《佛國記》對中國西域地區的歷史地理之描述有著極為重要的意義，也是中國古代南海交通史極為寶貴的史料，因其中對信風、航道等的紀錄成為中國最早的有關航海的文獻。由此，它在學術史上具有極為重要的地位，被翻譯成 30 多種文字在各國發行。

東晉時期，河東聞喜人郭璞著有《山海經注》。郭璞為時之

第九節　文脈的傳承

文學家、訓詁學家，亦為時道學術數大師及遊仙詩之祖師，其學術上最重要的成就是對《山海經》的注釋，不僅對《山海經》文字內容進行了訓詁解注，亦表達了自己對《山海經》的研究所得，影響深遠。此外，郭璞還對《爾雅》、《方言》、《穆天子傳》等進行了注釋，此四部注書亦是今天我們所能見到的最早的注本。

隋時，河東聞喜人裴矩著《西域圖記》3卷，記錄了西域44國的地理民情。裴矩先後在北齊、北周、隋唐任職，特別是隋時受命掌管西域事務，收集了大量與西域有關的資料，終成圖記，詳細記錄了從敦煌通往西域各地，以至地中海、中亞與南亞的道路交通，是最早記錄中國及亞洲連通歐洲交通的文獻，也是第一部圖文並茂地記述西域史地的獨創性著作，是關於中國邊疆歷史地理研究最重要的成果之一，為以後的《海國圖志》等提供了藍本。此外，他還著有《開業平陳記》12卷、《鄴都故事》10卷、《高麗風俗》1卷，並與虞世南合撰《大唐書儀》10卷。

金元時期，山西渾源人劉祁、劉鬱各有極為重要的歷史地理著作問世。劉祁著有《北使記》，收入其《歸潛志》中。所記為興定四年（西元1220年），金朝將亡前派遣禮部尚書侍郎烏古孫仲端前往成吉思汗大帳通好。他們從中原出發，長途跋涉，穿越西域各地至鐵門關，求見成吉思汗。隔年再次出行亦無果而

第六章　山西地區的貢獻

返。烏古孫仲端返國後，將自己的經歷口述與好友劉祁。劉祁記錄了他們的所見所聞，特別是西域及中亞地區之季節氣候、民情風俗、人物性格、物產器具等，具有極為重要的歷史地理價值。由於金朝稱蒙古為「北朝」，故名「北使記」。其弟劉鬱，曾在亡金後的蒙古任職。時旭烈兀奉命征討西域各國，攻克報達（今巴格達）等地，進入今敘利亞。元憲宗派使臣常德赴西域視事，至報達，停留一年多後返回和林。劉鬱隨常德經西域各地，記錄了他們出使西域的情況，成書名《西使記》。該著描述了元時波斯、印度、巴格達等地的風土人情、地理名物，特別是補辯考證了許多其他著作中的錯訛之處。書中還記錄了許多晉地人民在西域的生活情況。魏源曾收其於《海國圖志》，法俄等國先後翻譯出版，是研究中古中亞史的重要著作，亦是研究13世紀東西方歷史、地理、文化、交通的重要文獻。

十七、十八世紀，東西方交流交融進入新的興盛期，一方面是歐洲各國傳教士紛紛來到中國傳教，另一方面是中國也有很多人出洋至歐。這其中就有一位山西籍人士樊守義，作為康熙之特使隨員到了歐洲，並在回國後撰寫了一部《身見錄》。樊守義，山西絳州（今新絳）人。絳州為山西也是中國最早有傳教士的地區，這裡有很多人加入了天主教。1702年，康熙命義大利人艾若瑟（Joseph-Antoine Provana）、西班牙人陸若瑟（José Raimundo de Arxo）往羅馬謹見教皇處理「禮儀之爭」事，樊守義

第九節 文脈的傳承

同行。艾、陸先後病故,樊守義在歐13年,返回後著此書。書中記錄了他們一行往歐洲的行程見聞及在歐洲期間的活動,是中國人撰寫的最早介紹由中國抵達歐洲及歐洲情況的著作。

清時,西北史地學派興起。此派學人多親歷西北之地,進行實地考察,撰寫所見所聞,對中國西北邊域的紀錄極為珍貴,在治學方法上亦改單純考據的舊路,以親歷考證為長,是中國學術研究方法的一次重要飛躍。其中的山西籍學者貢獻頗重。不過,山西學界重視研究地理學之風當溯源於清初著名學者太原人閻若璩。他是漢學或考據學發軔的重要代表之一,著有《古文尚書疏正》,地理學方面的著作有《四書釋地》及其續、又續、餘論等4部,為歷史地理學中的佳作。真正代表西北史地學派學術成就的山西籍學者有祁韻士、張穆。祁韻士,山西壽陽人,被發配至新疆伊犁。在新疆期間,他親歷各地,收集了大量的第一手資料,所言多為親至,所著《蒙古回部王公表傳》為有清一代對西北邊疆史地進行系統性研究的發軔之作,亦為西北邊疆史地學研究的奠基之作。此外,祁韻士還著有《萬里行程記》,編定《西陲總統事略》、《西陲要略》、《西域釋地》等,為西北地理學派的開拓者與奠基人之一。另一位重要的學者是平定人張穆,他在祁韻士研究的基礎上進一步發展與創新了邊疆史地學。由其整理祁氏之《蒙古回部王公表傳》底稿資料撰成的《皇朝藩部要略》,為了解新疆、西藏等地歷史地理的開

第六章　山西地區的貢獻

拓性著作；所著《蒙古游牧記》考證精密，史料豐富，用地誌體例變通創新，是中外研究蒙古歷史地理的權威著作。此外，張穆還著有《俄羅斯補輯》、《魏延昌地形志》等，與徐繼畬等多有往來。

徐繼畬，山西五臺人，先後在福建、廣州等地任職，卸任後回鄉講學。徐繼畬憂國憂民，堅決抗英，與往來外商使節多有交往，著有《瀛寰志略》10卷。該著從全球著眼，介紹了各洲各國的地理、歷史、風物、政治、文化，是一部突破天朝意識，睜眼看世界的重要著作，順應了時代發展的要求。美國華盛頓紀念館有徐氏評價華盛頓的石碑。《瀛寰志略》對中國之後的洋務運動、戊戌變法、辛亥革命，推進中國的近代化過程等產生了極為重要的影響，亦對日本明治維新產生了深刻影響。

中華傳統著作，不僅文史哲不分，史地政亦難別，關於歷史、地理及以政治為主的社會形態的研究往往融為一體，共成一著。這與中國傳統文化中思維方式的整體性、系統性有極大的關係，亦與強調個人的感覺與頓悟有關。我們介紹的這些著作實際上並不是單純的現代意義上的某一學科的研究，它們往往展現出某種時代的精神追求、哲學背景、價值指向，亦因思維方式的特殊性，在表達上表現出明顯的個性色彩與文學性，以及現代意義上多學科的關聯性。這裡的介紹主要是為了讓大家有一個比較清楚的認知而大致區分出歷史學科、地理學

第九節　文脈的傳承

科等，實際上這些著作並不局限於某一學科，而是旁及許多方面，這是中國傳統古典著作一個非常明顯的特點。

中華文明歷史悠久、博大精深，其成果燦爛輝煌、影響深遠。山西地區是中華文明的主要發祥地，為其形成、發展與壯大做出了不可或缺的重大貢獻，形成了延綿接續、生生不息、從無中斷的文明形態，至今仍閃射著動人的光芒，顯現出強大的生命力。在山西，我們可以觸碰歷史的脈絡，感受古老文明的活化形態，回顧人類篳路藍縷、自強不息、創造新變的歷史過程，並尋找人類走向未來的智慧與力量。

第六章　山西地區的貢獻

結語

　　中華文明是人類諸文明中極具特色的文明形態，具有獨特的自然地理條件，形成了獨特的生產生活方式，這就是以精耕細作為主的農耕生產，並間以漁獵、畜牧、游牧、商貿等生產方式的生產形態。在此基礎上，中華民族形成了以定居為主的生活方式，以及由此決定的思維方式、情感形態、價值體系與方法論，不僅具有悠久的歷史，亦具有強韌的生命活力與創造力、魅力，是人類諸文明形態中唯一沒有中斷、延續至今的文明。我們對其滋生、發展還需要更多的研究認知，這樣才會更深入地了解歷史、文化，認清現實存在的意義、方向，尋找到通達未來的路徑、希望。

　　梳理清楚華夏文明及其演進之後的中華文明之形成發展脈絡，意義重大。山西是華夏文明的主要發祥地，本書就是從山西這一特定地域著手，進行的初步梳理。儘管是從山西著手的，但我並不認為這一是一部區域性意義的著作，相反，我盡量從一個特定的地域切入，使這種梳理具有全域性性意義。也就是說，這並不是一部僅僅談山西的著作，而是一部以山西為切入點，力求能夠反映華夏文明形成與演進的整體形態的作品。希望這種努力能夠大致反映出這一古老文明的演變特點及

結語

其所具有的精神特色,並由此向古文明致敬。

這部不成敬意的小書寫了一年左右,到今天終於完成了初稿。對於我,這只是一個逗號,還有很多課題需要進一步學習體驗研究。也希望透過這本小書的出版使更多的人能夠了解中華文明,了解中國歷史與文化。同時,我也希望讀者諸君能夠提出意見,幫助我糾正錯謬、精進學業,為社會奉獻更好的學習心得。

新的一年已經到來,在歷史的長河中,這仍然是一個充滿了希望的時刻。謹以為志。

國家圖書館出版品預行編目資料

華夏源起，千年文明第一下心跳：綜觀原始部落到古國形成，展現文明的交融與興盛 / 杜學文 著. -- 第一版 . -- 臺北市：崧燁文化事業有限公司，2025.02
面；　公分
POD 版
ISBN 978-626-416-301-9(平裝)
1.CST: 中國文化 2.CST: 文化研究
541.262　114001230

華夏源起，千年文明第一下心跳：綜觀原始部落到古國形成，展現文明的交融與興盛

作　　者：杜學文
發 行 人：黃振庭
出 版 者：崧燁文化事業有限公司
發 行 者：崧燁文化事業有限公司
E - m a i l：sonbookservice@gmail.com
粉 絲 頁：https://www.facebook.com/sonbookss/
網　　址：https://sonbook.net/
地　　址：台北市中正區重慶南路一段 61 號 8 樓
8F., No.61, Sec. 1, Chongqing S. Rd., Zhongzheng Dist., Taipei City 100, Taiwan
電　　話：(02) 2370-3310　　傳　　真：(02) 2388-1990
印　　刷：京峯數位服務有限公司
律師顧問：廣華律師事務所 張珮琦律師

-版權聲明-

本書版權為山西人民出版社所有授權崧燁文化事業有限公司獨家發行電子書及繁體書繁體字版。若有其他相關權利及授權需求請與本公司聯繫。
未經書面許可，不可複製、發行。

定　　價：399 元
發行日期：2025 年 02 月第一版
◎本書以 POD 印製